한자漢字와 읽는 성경 이야기

성경 말씀 읽으며 한자를 배워요

구약 편

漢字 한자와 읽는 성경 이야기

성경 말씀 읽으며 한자를 배워요

구약 편

양동숙 지음

추류성

목차

앞머리에

아주 먼 옛날, 아직 말이 없던 시절 사람들은 소리로 자기의 마음을 전했어요. 마치 어린아이가 응응, 앙앙하는 소리로 배고프고 불편한 마음을 알리는 것과 꼭 같았지요. 그러다 점차 식구들이 자기 가족들을 지켜주는 어른을 '아빠'라하고, 사랑으로 자녀를 기르는 사람을 '엄마'라고 부르는 등 말이 만들어졌어요.

사람들은 멀리 우뚝 솟은 곳을 '산', 그 위에 크게 자라며 꽃도 피우고 열매도 맺는 것을 '나무'라고 부르게 되었어요. 이렇게 부르는 이름을 서로 알아들으면서 소통할 수 있는 말이 점점 많이 생겼지요. 누구나 하고 싶은 말이 있고 세상에는 많은 물건들이 있어 말도 더욱 늘어났어요. 말이 생겼으니 사람들은 이제 자유롭게 생각을 주고받을 수 있었어요.

그런데 또 한 가지 불편이 찾아왔어요. 사람들이 모이면 말로 소통을 하지만 내 생각을 오래 남기거나, 멀리 있는 사람에게 전할 수는 없었어요. 그래서 사람들은 생각을 기록할 방법을 찾게 되었어요. 그 방법이란 자기가 말하려는 생각이나 필요한 물건을 그림으로 그리기 시작한 것이지요.

보이는 물건들의 모양을 그리고, 사람들의 모습이나 활동하는 움직임도 그림으로 그렸어요. 사랑하는 식구들의 얼굴을 보면서 눈, 코, 입, 귀를 그리고, 또 사랑하는 엄마와 씩씩한 아빠의 모습도 그렸어요. 멀리 눈을 돌려 파란 하늘을 보고 그 위에 떠있는 해와 달과 별도 그렸어요. 눈에 보이는 것은 물론 보이지 않은 생각까지도 그림으로 그렸으니 이제 못 그릴 것이 없었지요.

이렇게 아주 먼 옛날 사람들이 그렸던 그림으로 된 글자는 3,300년 전의 갑골문이어요. 이 갑골문이 발전해 지금의 한자가 되었어요. 그래서 한자를 유심히 살펴보면 옛날에는 무슨 그림이었나를 찾을 수 있어요. 그림에서 발전한 한자는 '뿌리한자'라고 해요. 한 뿌리에서 수많은 한자들이 만들어졌어요. 만약 뿌리한자를 잘 알면 자연히 그 뿌리에서 만들어진 다른 한자도 쉽게 이해할 수 있겠지요.

이제 성경이야기를 읽으며 한자도 재미있게 배워 봐요.

1

하나님이 세상을 만드셨어요

(창세기 1~2)

맨 처음 세상은 어둡고 텅 비어있었어요. 하나님은 엿새 동안 말씀으로 세상을 가득 채웠어요.

첫째 날 하나님이 "빛이 있으라." 하니 빛이 생겼어요. 그것을 '낮'이라 부르고 어둠을 '밤'이라 불렀는데 밤이 지나니 바로 아침이 밝아왔어요.

둘째 날 하나님은 다시 모든 물을 모이게 하여 바다를 만드시고 물의 위를 '하늘'이라 하였어요.

셋째 날 하나님은 '하늘' 아래를 '땅'이라 부르시고 땅에는 풀과 채소, 온갖 나무를 자라게 하였어요. 하나님은 땅에 가득한 꽃과 나무를 보시고 아주 기뻐하셨어요.

넷째 날 하나님은 **해**와 **달**과 별을 만들어 낮에는 해로 밝히시고 밤에는 은은한 달빛으로 밤을 비추며 온 하늘에는 별이 총총하게 하셨어요.

다섯째 날 하나님은 물속에는 물고기를, 하늘에는 여러 새들이 훨훨 날게 하시고 그들에게 복을 주셨어요.

여섯째 날 하나님은 땅에는 가축과 날쌘 짐승들을 종류대로 만드셨어요. 그리고는 흙으로 가장 멋진 창조물인 사람을 빚어 생명을 불어 넣어 주시고 그에게 하늘과 땅의 모든 것을 다스리게 하셨어요.

일곱째 날 하나님은 지금까지 만드신 하늘과 땅위의 모든 것에 큰 축복을 내리시고 한없이 기뻐하며 편하게 쉬셨어요.

1

하나님이 세상을 만드셨어요

日	月
日(날 일)	月(달 월)

사람들은 하나님이 만들어 주신 세상에 살면서 하늘에 떠 있는 해와 달을 보았어요. 따스한 햇살을 비추어 주는 해와 은은한 빛으로 세상을 포근하게 감싸는 달은 어떻게 그렸을까요.

日 (날 일) 어린이들은 동산위에 떠오르는 해는 ☼로 그려 빛남을 밖으로 나타내요. 해를 그렸던 사람들은 반짝임을 ⊙처럼 안쪽으로 그렸어요. 그러다 점차 쓰기 편하게 ⊖형이 되었고 '날 日'이 되었어요.

月 (달 월) 달도 해처럼 둥글어요. 그러나 달은 차면 기우는 것이 해와 달라요. 그래서 달은 ☽처럼 기울어진 달로 그렸고 속에 반짝임도 넣어 '달 月'이 되었어요.

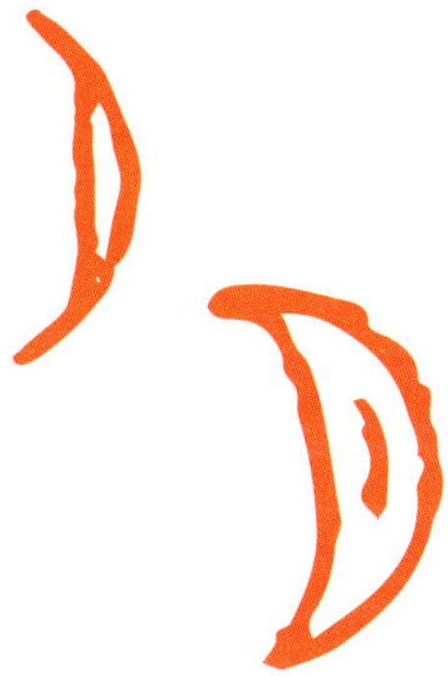

그런데 사람들이 하는 말과 그림글자는 같지 않았어요. 말로는 '해'라고 하지만 글자 日은 '일'이라고 읽어요. 모든 한자는 '형(모양)'과 '음(소리)'이 있고, 뜻을 우리말로 풀이하는 '훈(뜻)'이 있어요. 한 글자에 이 세 가지(형, 음, 의)를 알아야 완전히 안다고 할 수 있어요.

2

아담과 하와

(창세기 3)

하나님은 에덴의 동쪽에 동산을 지으셨어요. **산**에는 밭과 들이 있고 그사이 맑은 **물**도 졸졸 흘렀어요. 갖가지 **나무**가 자라고 탐스러운 열매가 주렁주렁 달렸어요. 하나님은 동산에 사람이 살게 하고 싶었어요, 먼저 흙으로 두 팔을 벌린 남자를 빚으시고 '아담'이라 불렀어요. 아담을 에덴의 아름다운 동산에서 살게 하시고 그가 부르는 대로 모든 동물과 식물의 이름을 삼았어요. 그중에 특별한 나무는 선악을 알게 하는 나무였어요, 어느 날 하나님은 생각했어요.

"아담이 혼자 있으니 너무 쓸쓸해 보이는 구나."

하나님은 잠든 아담의 갈비뼈를 뽑아 여자를 만드셨어요. 이름을 '하와'라 하였어요. 아담과 하와는 서로를 아주 사랑하였어요.

두 사람은 하나님이 만들어준 에덴의 동산을 잘 가꾸고 재미있게 살았어요.

어느 날 하나님은 그들에게 말씀하셨어요.

"너희는 여기 있는 모든 과일을 먹어도 좋아, 그러나 동산 가운데 있는 선악을 알게 하는 과일은 따 먹지마라."

아담과 하와는 하나님의 당부를 잘 지키며 살아갔어요.

2

아담과 하와

山	木	水
山(메 산)	木(나무 목)	水(물 수)
		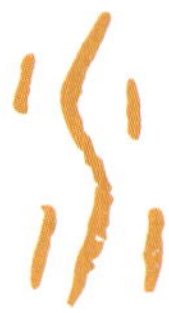

하나님이 만드신 에덴동산은 정말 아름다웠어요. 산이 줄지어 있고 그 위에 나무가 자라며 아래는 물이 흘렀어요. 사람들은 그 모습 하나하나를 그대로 그렸어요.

山(메 산)은 잇대어 있는 산 봉오리 중에서 세 봉오리만 그렸어요. 山자는 보기만 해도 山인 것을 대번에 알 수 있네요.

木(나무 목)은 곧은 줄기에 가지는 위로, 뿌리는 아래로 뻗은 나무 모양을 그렸어요. 큰 나무 한 그루를 그린 모양인 木이 되었어요.

水(물 수)는 물이 흐르는 모양이어요. 물이 굽이쳐 흐르면서 물방울도 튕겼어요. 흐르는 물을 그려 '물 水'자를 만들었지요.

이렇게 자연의 여러 모습을 그린 것이 한자가 되었다니 참 신기하지요. 한자는 어렵다고 느꼈는데 그림을 보니 오히려 솔솔 흥미가 생기겠지요?

3

간교한 뱀의 꼬임

(창세기 3)

어느 날, 에덴 동산에 살고 있던 뱀이 하와가 선악을 알게 하는 큰 나무 옆에 있는 것을 보고 속삭였어요.

"정말 하나님이 이 예쁜 열매를 먹지 말라고 하셨니?"

"응."

"말도 안 돼, 이 열매를 먹으면 **사람**인 너도 하나님만큼 똑똑해져, 선악을 구별할 수 있게 될 거야." **뱀**이 말했어요.

"아니야, 하나님이 먹지 말라고 하셨어."

열매는 정말 너무 맛있어 보여 하와는 참지 못하고 먹고 말았어요, 그리고 아담에게도 주어 아담도 입을 크게 벌려 베어 먹었어요. 그러자 그들은 갑자기 눈이 밝아졌어요. 그리고 자기들이 벌거벗은 것을 알게 되었어요.

해질 무렵 아담과 하와는 하나님이 두 사람을 찾고 있는 것을 보았어요. 너무 겁이나 둘은 나무 사이로 숨었어요.

“내가 먹지 말라고 한 열매를 따 먹었느냐?” 하나님이 물었어요.

“예. 그런데 하와가 주었어요.” 아담이 말했어요.

“뱀이 저를 속여서 먹게 되었어요.” 곧 바로 하와가 대답했어요.

하나님은 아담과 하와에게 벌을 내리셨어요.

“너희는 내 말을 어겼으니 더 이상 에덴동산에서 살 수 없다.”

아담과 하와를 내쫓은 하나님은 천사를 보내 문을 지키게 하셨어요. 그들은 고생스럽게 살아가며 다시는 에덴동산에 돌아갈 수 없었어요.

3

간교한 뱀의 꼬임

大	人	巳
大(큰 대)	人(사람 인)	巳(뱀 사)

해와 달, 그리고 산과 나무 등 자연을 보이는 모양 그대로 그렸지요. 그런데 하나님이 이들을 다스리게 하신 사람은 어떻게 그렸을까요.

大(대)는 두 팔을 벌리고 서 있는 '사람 모양' 이예요. 당당하게 서 있는 사람이 아주 커서 '크다'는 말을 끌어다 써서 '큰 大'가 되었어요.

人(인)은 두 팔을 앞으로 뻗고 두 발로 곧게 선 사람의 옆모습을 그렸어요. 사람인 大가 '크다'가 되어버려 사람 옆 모습인 人을 '사람'이라 하였지요.

巳(뱀 사)는 뱀이 웅크린 모양이어요. 뱀의 머리와 구부리고 있는 긴 몸을 그렸어요. 점차 몸이 쭉 펴져 巳가 되었어요.

위의 여러 한자는 모두 그 대상의 모양을 그림으로 그렸어요. 이렇게 실제모양을 그린 방법을 상형이라고 해요. 해를 그린 日자나, 달을 그린 月자, 산을 그린 山자는 모두 '상형자'들이에요.

4

노아와 방주

(창세기 8)

에덴동산을 떠난 뒤 아담과 하와는 여러 명의 **자녀**를 낳았어요. 자녀들은 또 자녀를 낳고 또 낳고 하는 사이 수백 년이 흘렀어요. 그러는 동안 세상 사람들은 나쁜 짓을 일삼으면서 점차 하나님을 잊고 말았어요. 남을 속이고 서로 싸우며 자기밖에 모르는 사람들이었어요. 그 모습을 하나님은 다 보고 계시면서 슬픔에 잠겼어요.

"내가 사람을 만들지 말걸 그랬어. 내 마음에 드는 사람은 노아 한 사람뿐이구나."

하나님은 사람들을 만들어 땅에 살게 한 것을 후회하였어요.

땅위의 모든 것을 쓸어버리고 다시 시작해야겠다고 생각했어요.

많은 사람 중에 노아라는 착한사람이 있었는데 노아만은 살리고 싶어 노아에게 계획을 말씀하셨어요.

"노아야, 내가 홍수를 나게 할 것이다. 너는 너와 가족들이 들어갈 큰 배를 만들고, 크고 작은 동물과 하늘을 나는 새, 땅위를 걷고 기는 것도 모두 암수 한 쌍씩 넣어라."

노아와 가족들은 **방주**를 만들었어요. 마침내 방주가 완성되어 코끼리, 사자 등 크고 작은 동물과 비둘기, 참새 등 나는 새들도 한 쌍씩 넣었어요. 노아와 아내, 세 명의 아들과 며느리도 배에 탔어요. 그러자 구름이 몰려오고 곧 비가 내렸어요.

내리고 또 내리고 밤낮으로 40일 동안을 쉬지 않고 내렸어요. 대홍수로 땅위의 모든 생물들이 다 죽었지만 이리저리 떠다니는 방주는 안전 했어요. 드디어 비가 그쳤어요.

노아는 방주 문을 열고 비둘기 한 마리를 내보냈는데 한참 뒤 비둘기는 그냥 돌아 왔어요. 일주일 후 노아는 다시 비둘기를 내 보냈어요. 이번에는 올리브 잎을 물고 와 물이 빠졌음을 알았어요. 하나님은 노아를 위해 눅눅한 땅이 마르도록 바람을 보내 주셨고 배는 땅에 닿았어요. 배에서 나온 노아는 제단을 쌓고 그와 가족을 구해준 하나님께 삼사를 드렸어요.

하나님은 하늘에 예쁜 무지개를 띄워 주셨어요, 노아와 식구들을 축복하고 세상을 더 사랑하겠다는 약속의 표시를 보여 주신 것이었어요.

4

노아와 방주

子	女	方	舟
子(아들 자)	女(여인 여)	方(모 방)	舟(배 주)

하나님은 많은 사람 중에 노아를 가장 사랑하셨어요. 노아를 통해 새로운 세상을 만들어 주려고 방주를 만들게 하였어요. 방주는 무엇일까요.

子(아들 자)는 두 팔을 벌린 아이모양이지요. 아이가 강보에 싸여 있어 다리는 하나만 그렸어요. 子는 '아들', '아이'로 쓰였어요.

女(여인 여)는 여인이 두 손을 앞으로 하고 얌전히 꿇어앉은 모양이어요. 女자로 '여성', '딸', '어머니'로 쓰다 어머니는 '어미 母'를 만들어 구별했어요.

方(모 방)은 손잡이가 큰 농기구 모양이어요. 방향 조절이 필요한 농구여서 '방향'으로 빌려 썼고, 또 '네모', '방법'이라는 뜻도 생겼어요.

舟(배 주)는 큰 통나무의 속을 파고 만든 배지요. 舟는 작은 배이지만 方舟(네모난 배)는 보통 舟보다 훨씬 크게 만들었다고 할 수 있지요.

세상의 물건들을 그려 한자를 만들었는데 이들은 가장 기본이 되는 한자여서 뿌리한자라고 해요. 사람의 모습이나 자연을 그린 것이 한자가 되었다니 참 신기하고 흥미롭지요.

5

바벨탑을 만드는 사람들

(창세기 11)

많은 비가 내려 큰 물난리가 난 후로 오랜 세월이 흘렀고 사람들은 더욱 많아 졌어요. 사람들은 동쪽 바벨론이라는 곳으로 가자고 **입**을 모았어요. 바벨론은 지금의 '이라크'에 있었대요. 그리고 거기에 큰 도시를 만들고 **눈**으로 보기에도 힘든 하늘까지 닿는 높은 탑을 세우자고 의논했어요.

"세상에서 가장 높은 탑을 쌓자. 그러면 사람들이 우리를 우러러 볼 거야."

"맞아, 하나님도 우리를 업신여기지 못 할 거야!"

사람들은 늘 자신들이 하나님보다 훌륭하다고 생각했어요. 하지만 하나님은 사람들이 어리석게만 보였어요. 그리고 **마음**이 몹시 언짢아 사람들이 쓰는 말을 뒤죽박죽으로 만들어 버렸어요. 그랬더니 사람들은 서로 말이 통하지 않아 탑 쌓기도 할 수가 없었고 사방으로 흩어졌어요.

그리고는 서로 말이 통하는 사람들끼리 한데 모여서 살게 되었어요. 그러면서 점차 하나님이 그 누구보다도 높고 훌륭하다는 것을 알게 되었어요. 쌓다만 그 탑은 '바벨'이라는 이름이 붙어 홀로 남았는데 '바벨'은 '혼란'이라는 뜻이었어요.

5

바벨탑을 만드는 사람들

口	曰	目	心
口(입 구)	曰(가로 왈)	目(눈 목)	心(마음 심)
		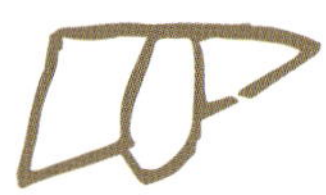	

사람들은 하나님이 만드신 세상 여러 곳에 흩어져 살았어요. 산속 동굴에 살면서 나무열매를 따먹고 물고기도 잡아먹으며 살았지요. 돌을 깨서 칼이랑 도끼도 만들어 쓰고 서로 얼굴을 보며 사이좋게 어울려 살아갔어요.

口(입 구)는 입모양이어요. 입으로는 숨을 쉬고 말 하고 또 밥도 먹어요. 일을 할 때는 입을 벌리게 되니 처럼 벌린 입을 그렸지만 점차 口가 되었어요.

曰(가로 왈)은 입을 벌려 말을 하는 모양을 그렸어요. 말 할 때는 입을 벌려야 해서 '입 口'의 한쪽을 터 놓았어요. 우리가 흔히 말하는 '공자 曰', '맹자 曰', '曰可曰否(왈가왈부)'할 때 이 글자를 써요.

目(눈 목)은 눈을 그렸어요. 처음에는 실제 눈처럼 가로로 그렸지만 점차 세워 써 目이 되었어요. 눈을 目이라 하지만, 실제 말로는 '안경', '안약'처럼 '안'이라고 하여 뿌리한자인 目을 넣어 眼(안)사를 만들었어요. 目은 '목적', '목표' 같은 단어에 쓰지요.

心(마음 심)은 심장을 그렸어요. 옛사람들은 사랑하고, 미워하는 마음이 심장에서 나온다고 생각하였어요. 심장은 하트모양이네요. 뿌리한자는 세상에서 제일 먼저 '하트'를 그렸다고 할 수 있어요.

한자에 대한 재미있는 이야기

1 한자는 누가 만들었을까요?

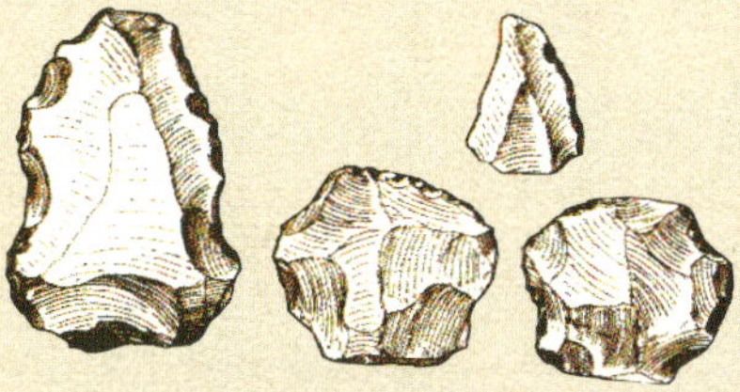

(그림 1) 구석기시대 중기 석기

하나님이 만드신 넓은 세상 중의 한곳인 중국대륙의 이곳저곳도 많은 사람들이 살고 있었어요. 그들은 산 등성이 동굴에 살면서 돌을 깨서 칼, 도끼 같은 생활 도구(그림 1)를 만들어 쓰고 동물을 잡아먹고 살았는데 이 때를 구석기시대라고해요.

(그림 2) 흙솥(多角沿釜)

오랜 세월이 지나 약 2만 년 전쯤 이들은 동굴에서 들로 나와 살았고 돌을 매끄럽게 갈아 쓰며, 또 흙으로 솥(그림 2), 물병, 대접(그림 3) 등 질그릇을 만들어 썼고 잡아온 동물이나 물고기를 익혀 먹었어요. 서로 간에 말도 만들어 쓰며 살았는데 이때를 신석기시대라고 해요. 여러 자료를 참고해 그린 당시 여인의 모습을 보면 우리와 비슷하지요. (그림 4)

(그림 3) 7천 년 전의 채색대접(彩陶鉢)

그러다 약 1만 년 전에는 넓은 들에 밭을 일구어 농사를 지었고, 인구가 점차 많아져 서로 전할 말이 많아졌는데 말로는 멀리까지 전할 수 없어 생각을 기록할 글자가 필요했

산(山산) 밭(田전) 물(水수) 개(犬견) 닭(鷄계) 돼지(豕시) 사슴(鹿록)

어요. 이리저리 궁리하다가 하고 싶은 말을 그림으로 그렸어요. 산과 들에 펼쳐진 밭과 그 주위를 흐르는 물을 그렸고, 개와 닭, 돼지, 뛰노는 사슴도 그렸어요. 여러 그림 글자들을 보아요.

(그림 4) 산정동인 여인 복원도

만약, 엄마가 시장 가실 때 딸기나 복숭아를 그려 보이면 '아, 우리 아기가 딸기, 복숭아가 먹고 싶구나' 하고 사다 주시는 것처럼 생각을 그림으로 그렸지요.

이곳 저곳에 사는 사람들은 같이 살아가는 사람들의 여러 모습과 행동, 하늘과 땅, 산과 들에 펼쳐진 많은 사물의 모양을 그림으로 그려 소통하였어요. 사람들이 그림을 잘 알아보면 널리 쓰였고, 알아보지 못하면 또 다른 방법으로 그렸지요. 이렇게 많은 사람들에 의해 그려진 그림들이 한데 모아지고 차차 다듬어졌으며, 또 세월이 지나면서 점차 글자로 변하여 한자가 되었어요. 이처럼 한자는 한 두 사람이 만든 것이 아니고, 아주 오랜 옛날에 여기저기에서 함께 살아가던 여러 사람들에 의하여 만들어졌다고 할 수 있어요.

6

아브라함이 집을 떠났어요

(창세기 12-1)

하란이라는 곳에 사는 아브람은 **양**과 **소**를 기르며 살아가던 부자였어요. 아름다운 아내 사래도 있었어요. 그는 하나님을 정말 사랑했고 하나님도 그를 사랑하셨어요. 어느 날, 하나님이 그에게 말씀하셨어요.

"아브람아, 너는 이곳을 떠나 내가 가라고 하는 곳으로 가거라. 그 땅에 가면 아이가 태어 날 것이고, 모든 민족이 너를 통하여 복을 받을 것이다."

아브람은 하나님의 약속을 믿었어요. 그래서 천막을 걷고 짐을 싸서, 아내 사래와 조카 롯의 식구들, 그리고 하인들을 이끌고 함께 먼 여행을 떠났어요. 하나님께서 그들이 가는 길을 가르쳐 주시고, 가나안으로 인도하셨어요. 그날 저녁 하나님은 말씀하셨어요.

"아브람아, 이제 네 이름을 '아브라함'이라고 하고 사래는 '사라'라고 불러라."

아브라함은 '모든 나라의 **아버지**' 라는 뜻이고, 사라는 '모든 나라의 **어머니**, 즉 왕비' 라는 뜻이에요. 또 하나님은 아브라함에게 약속하셨어요.

"눈을 들어 하늘을 보아라. 그리고 하늘의 별을 세어 보아라. 이 땅을 모두 너에게 주고 너에게 별만큼이나 많은 자손들을 주겠다."

아브라함은 하나님께 감사를 드렸어요.

아브라함이 집을 떠났어요

父	母	羊	牛
父(아비 부)	母(어미 모)	羊(양 양)	牛(소 우)

집안에서는 아버지와 어머니가 자녀들을 사랑으로 돌보아 주시고, 식구들을 먹이기 위해 동물들을 잡아와 길들이고 집 주위에서 길렀어요.

父(아비 부)는 지도자가 손에 지휘봉을 든 모양 이예요. 아버지는 자녀들을 먹이고 돌보며 때로는 매를 때리며 타이르죠. 그래서 손에 지휘봉을 든 모양을 '아버지 父'자라고 하였어요.

母(어미 모)는 여성인 女자 속에 젖을 먹이는 엄마의 가슴을 두 점으로 나타냈어요, 女와 母를 이렇게 구별했으니 참 현명한 생각이었지요.

羊(양 양)은 둥글게 감긴 뿔과 코, 입을 그린 양의 정면 얼굴이에요. 양은 선하고 신성하여 길한 동물로 여겼고, 제사에 가장 많이 올렸어요.

牛(소 우)는 곧게 뻗은 뿔과 소의 정면에서 바라본 얼굴을 그린 모양이에요. 양의 뿔은 둥글고 소의 뿔은 곧으니 확실하게 구별이 되었어요.

7

이삭이 태어났어요

(창세기 18-21)

아브라함이 99살이 되었을 때 하나님이 또 말씀하셨어요.

"네 아내 사라가 아들을 낳을 것이다." 이에 아브라함이 말했어요.

"사라와 저는 **아기**를 **낳**기에는 너무 늙었어요."

"내가 하지 못할 일이 무엇이겠느냐."

어느 더운 날이었어요. **저녁** 무렵 아브라함의 천막에 손님 세 사람이 찾아왔어요.

"그늘에서 좀 쉬어 가셔요. 저의 집에 시원한 물이 있습니다."

아브라함은 극진히 인사하고 사라에게 정성껏 음식과 우유를 대접하게 했어요. 음식을 먹으면서 손님들은 좋은 소식을 전해 주었어요. 한사람은 하나님이셨고, 두 사람은 천사였어요. 하나님은 아브라함을 한 민족의 아버지로 택하셨고, 아브라함에게 줄 특별한 선물을 가지고 오신 것이었어요,

"내년에 사라가 아기를 낳을 거요."

"할머니인 내가 어떻게 아기를 낳아. 호호호!"

사라는 천막 뒤에서 웃었어요. 그 모습을 보고 손님들이 말했어요.

"왜 웃소? 하나님은 못하시는 일이 없으시오."

"내년에 내가 다시 오겠소. 그때 너와 사라에게 아들이 있을 것이니라."

손님들의 말대로 사라는 정말 아기를 가지게 되었어요. 1년 후에는 아들을 낳았지요. 아브라함은 아기의 **이름**을 '이삭'이라고 지었어요. 그때 아브라함의 나이는 100살이었어요.

7

이삭이 태어났어요

兒	生	夕	名
兒(아이 아)	生(날 생)	夕(저녁 석)	名(이름 명)
	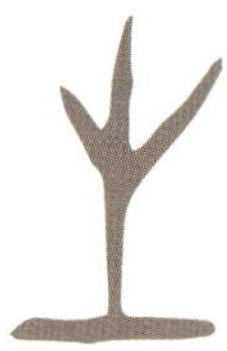		

어머니들은 젊어서 아이를 낳고 기르시는데, 사라는 90이 넘어 아기를 낳았어요. 오직 하나님의 능력으로만 할 수 있는 일이었어요. 아기는 어떻게 그렸을까요?

兒(아이 아)는 갓난아기 머리 위가 열려있는 모습으로 그렸어요. 갓난아기는 정수리로 숨을 쉬니까요. 兒자로 '아동', '소아과' 등에 쓰고, 강보에 싸인 아이인 子는 '아들', '자녀', '자손'을 의미하여, 뜻이 구별되고 있어요.

生(날 생)은 어린 새싹이 땅에서 잎이 돋아 나는 모양이어요. 아무것도 없는데서 새로운 싹이 생겨 나서 아기를 '낳다'는 '날 생'이 되었고, '생기', '생활' 등으로도 쓰여요.

夕(저녁 석)은 초승달 모양이에요. 해가 서산으로 기운 저녁은 초승달로 표현했어요. 저녁이면 달(月)이 떠오르지만 온 세상이 어두우니 月자 속의 반짝임을 지워 夕이 되었어요.

名(이름 명)은 '夕'과 '口'를 합한 글자로 뜻은 '이름'이어요. 군인들이 외출했다 저녁(夕)에 들어 올 때 암호를 입(口)으로 외쳐 자신을 증명했어요. 이를 응용하여 '이름 名'자를 만들었어요. '姓名', '名節', '名家' 등에 쓰여요.

8

하나님의 시험

(창세기 22)

어느 날 하나님은 아브라함의 하나님에 대한 사랑을 시험하려고 이렇게 **말씀**하셨어요.

"아브라함아, 너의 아들 이삭을 내게 번제로 바쳐라."

하나밖에 없는 사랑하는 아들을 바치라는 뜻밖의 명령에 아브라함은 몹시 당황했어요. 얼마나 사랑하는 아들인대요. 그러나 아브라함은 하나님을 믿었어요.

다음 날 이른 아침, 아브라함은 이삭을 데리고 길을 떠났어요.

사흘 뒤 아브라함은 하나님이 말하셨던 아모리산에 도착하였어요.

제사드릴 제단을 쌓으며 이삭이 물었어요.

"아버지, 제단에 바칠 羊은 어디 있어요?"

"응, 하나님이 준비해 주실 것이다."

아브라함은 말없이 이삭을 묶어 제단에 올려 제물로 바치려는 순간이었어요.

갑자기 **하늘**에서 하나님의 천사가 나타나 소리쳤어요.

"아브라함아, 아브라함아! 그 아이를 다치게 하지마라. 이제 네가 하나님을 정말 사랑하는 줄을 알겠구나."

그때 아브라함은 수풀에 **뿔**이 걸려 꼼짝 못하는 숫양 한 마리를 보고, 아들 이삭 대신 숫양을 제물로 바쳤어요. 그 후에 이 땅의 이름을 '여호아 이레'라고 하였어요, '주께서 준비하시리라'라는 뜻이에요.

8

하나님의 시험

舌	言	天	角
舌(혀 설)	言(말씀 언)	天(하늘 천)	角(뿔 각)

하나님의 '말씀'은 천금보다 귀중해요. 보이지 않는 말씀을 어떻게 그렸을까요. 옛사람들은 분명히 그 방법을 찾았어요. 말할 때는 입과 혀가 움직이는 것을 알았으니까요.

舌(혀 설)은 입(口)에서 침을 튀기며 혀가 움직이는 모양을 그렸어요. 舌은 '혀'인데 한자음은 '설'이지요. 혀가 있어야 먹고 말도 할 수 있어요.

言(말씀 언)은 혀인 舌자 위에 한 획을 그어 움직임을 나타냈어요. 혀를 움직여야 말이 나와요. 言자의 음은 '언'이고, 뜻은 말을 높여 불러 '말씀'이라 하지요.

天(하늘 천)은 하늘이죠. 사람인 大자의 정수리에 하늘을 상징한 획을 그었어요. 밖에 선 사람의 정수리 위는 바로 하늘이지요. 天(천)의 음도 '성수리 頂(정)' 의 옛날 음을 따서 불렀어요.

角(뿔 각)은 짐승의 뿔을 그렸는데 정말 소의 뿔 모양과 비슷해요. 한자음은 '각'이지요. 옛날에는 소의 뿔을 뽑아 컵으로도 사용하였다고 해요.

9

이삭의 신부

(창세기 24)

이삭이 아내를 맞이할 때가 되었어요. 아브라함은 고민이 생겼어요. 이 땅의 처녀들은 우상을 섬겨 만약 이곳의 처녀와 결혼을 한다면 손자들이 우상을 섬길 것이 분명하기 때문이었어요.

아브라함은 그의 충실한 하인에게 말했어요.

“너는 내 고향으로 가서 이삭의 짝이 될 처녀를 데려 오너라.

“제가 어찌 그런 처녀를 고르겠어요?” **하인**이 물었어요.

“주님이 네게 천사를 보내실 거야.”

고향마을 입구에 도달한 하인은 기도 하였어요.

“하나님, 이삭의 짝이 될 처녀를 제게 인도해 주셔요.”

이때 **한** 어린 처녀가 하인 쪽으로 걸어오는 것을 보고 또 기도를 하였어요.

“제가 마실 물을 달라고 할 때, 저 뿐 아니라 낙타에게도 물을 주겠다고 하면 하나님이 정한 사람인 줄 알겠습니다.”

바로 그때 리브가라고 하는 처녀가 당도했어요, 하인이 마실 물을 달라고 하자 그녀는 물을 주며 이렇게 말했어요.

"제가 당신의 낙타에게도 물을 주겠습니다."

하인은 기도를 들어 주신 주님을 찬양했어요.

"하나님은 참되신 분이셔요. 이삭에게 꼭 맞는 아내 리브가를 찾았어요."

9
이삭의 신부

上	下	一	二	三
上(윗 상)	下(아래 하)	天(한 일)	이(두 이)	삼(석 삼)

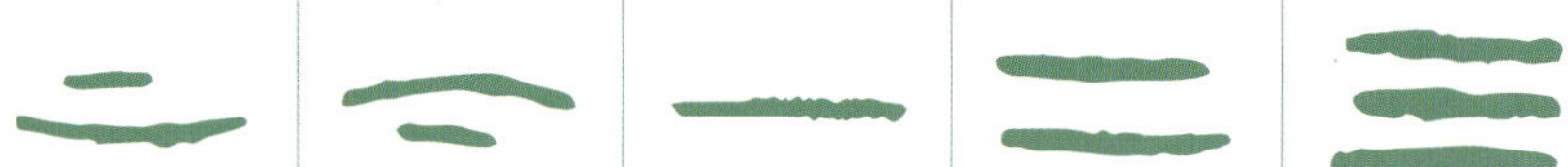

지금까지 물체의 모양을 그린 '상형' 자들을 보았어요. 그러나 모든 글자들을 다 모양대로 그릴 수는 없었지요. 그릴 모양이 없는 생각도 글자로 만들어야 했어요. 생각을 어떻게 그렸을까요.

上(윗 상)은 우선 기준선을 — 처럼 하나 그리고 그 위에 작은 획 하나를 얹어 무언가가 위에 있음을 나타냈어요. 이렇게 '윗 上'자를 만들었어요.

下(아래 하)는 우선 기준선을 하나 긋고 그 아래에 작은 획을 하나 그어 무언가 아래 있음을 나타냈어요. 이렇게 '아래 下'자를 만들었지요.

또 '하나', '둘', '셋' 등의 숫자를 봐요.

일(한 일)은 획 하나를 그려 '하나' 라는 생각을 나타냈어요.

이(두 이)는 획 두 개를 그려 '둘' 이라는 생각을 나타냈어요.

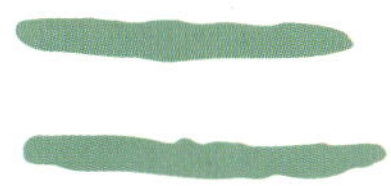

삼(석 삼)은 획 세 개를 그려 '셋' 이라는 생각을 나타냈어요.

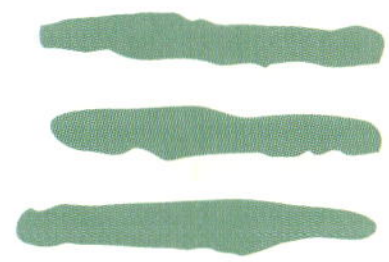

어떤가요? 실물을 그린 상형 방법도 신기한데, 모양이 없는 '생각'도 그림으로 그렸어요. 이런 방법을 '지사' 라 하고 이렇게 만들어진 자는 '지사자(指事字)'에요. 생각도 그림으로 그렸으니 참 놀랍지요?

10

맏아들의 자리를 팔았어요

(창세기 25- 27)

이삭의 아내 리브가는 쌍둥이 아들 **형제**를 낳았어요. 형은 '에서', 아우는 '야곱'이었어요. 하나님은 형제 둘 **중에** 야곱을 계승자로 택하셨어요. 아버지 이삭은 사냥꾼인 에서를 **좋아하고,** 어머니는 조용한 야곱을 '좋아했어요'. 어느 날 사냥에서 돌아온 에서는 무척 배가 고팠는데 집에서 아주 맛있는 냄새가 나고 있었어요.

"아하! 야곱이 죽을 끓이고 있구나. 한 그릇 다오."

"그러면 맏아들의 자리를 내게 팔아요."

"그래, 네가 맏아들이 되려므나."

에서는 죽 한 그릇에 맏아들의 자리를 팔아 버렸어요.

이삭은 늙고 눈도 멀어지자 어느 날 에서를 불러 말했어요.

“내가 우리의 신인 하나님의 복을 너에게 빌어주련다. 사냥하여 내가 좋아하는 음식을 만들어 오면 너에게 복을 빌어 주마.”

그 말을 들은 리브가는 은밀히 야곱에게 말했어요.

“빨리 가서 좋은 새끼염소 한 마리를 잡아오렴. 내가 요리를 해줄 테니 아버지의 축복을 네가 받아라.”

리브가는 야곱의 몸을 털이 많은 에서처럼 꾸며 주었어요.

“네가 정말 에서냐?

이삭은 야곱을 어루만져 보고는 에서라고 여겨 축복하였어요,

“모든 민족이 너를 섬길 것이다. 너를 저주하는 자는 저주를 받고, 축복하는 자는 축복을 받을 것이다.”

사냥에서 돌아온 에서는 자기가 속은 것을 알고 야곱을 해치려고 하였어요.

야곱은 형을 피해 멀리 외삼촌인 라반의 집으로 가게 되었어요.

10

맏아들의 자리를 팔았어요

兄	弟	中	好
兄(형 형)	弟(아우 제)	中(가운데 중)	好(좋을 호)

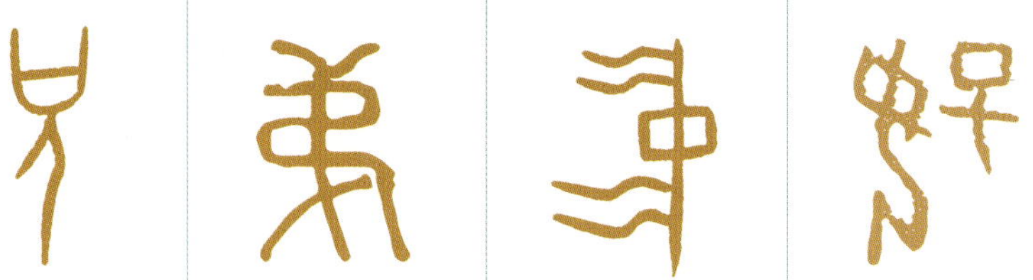

물건의 모양을 그린 '상형자'가 있고, 또 생각을 그린 '지사자'가 있었지요. 한자를 만든 또 다른 방법이 있어요. 그것은 이미 있는 글자 중에서 두 글자를 뽑고 뜻을 조금씩 합쳐 새로운 뜻의 글자를 만드는 방법인데, 이를 '회의(會意)'라고 해요.

兄(형 형)은 사람(人)이 입(口)을 벌리고 서서 '축복'하는 모양이지요. 人과 口자를 합해 사람도 입도 아닌 '축복하다'는 회의자를 만들었어요. 그러나 형이라는 말이 '형'자를 빌려가 '형 兄'이 되었어요.

弟(아우 제)는 끈(ㄹ)으로 물건(I)을 휘지 않게 차례로 동여매는 모양이어요. 형제에서 형의 다음 차례는 아우여서 '아우'가 이 자를 끌어와 '아우 弟'가 되었어요.

中(가운데 중)은 깃발 모양의 상형자이어요. 깃발은 마을의 중앙에, 또 사람 무리 중의 가운데 꽂아 깃발모양을 그려 '가운데', '중앙'이라 하였어요.

好(좋을 호)는 엄마(女)가 아이(子)를 안고 노는 모양으로 女와 子 두 자를 합하여 '엄마'도 '아이'도 아닌 '좋다'는 새로운 뜻의 글자를 만들었어요.

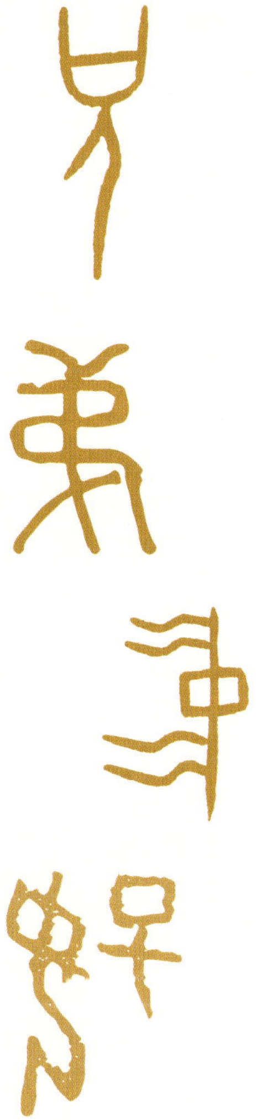

사물의 모양을 그려 '상형자'를 만들고, 생각도 그려 '지사자'를 만들어 글자는 많아졌지만, 이때 각기 다른 두자를 합하여 새로운 글자를 만들어 보자 하는 멋진 생각이 떠올랐어요. 이 방법은 '회의'이고 이렇게 만든 자는 '회의자'라 해요. 兄, 弟, 好는 바로 회의자들 이지요.

한자에 대한 재미있는 이야기

2 한자는 언제 만들어졌을까요?

신석기시대 사람들은 1만 년 전 농사를 지었고, 질그릇도 만들어 썼으며, 멀리 있는 사람에게 전할 말을 그림으로 그렸는데 그 그림들이 차차 다듬어져 한자가 되었다고 하였지요. 당시 사람들은 그림을 어떻게 그렸고, 또 언제 글자로 변했는지 궁금하지요? 옛날 사람들이 쓰던 물건들은 거의가 땅속에 묻혔는데 땅속에서 약 8천 년 전에 사용하던 질그릇들을 발견하였어요.

질그릇에는 지도자로 생각되는 무사의 얼굴(그림 1)에는 물고기문양을 그렸고, 가축인 소나 돼지(그림 2), 물고기(그림 3)나 그물 같은 생활 도구도 문양(그림 4)으로 그렸어요. 곡식의 껍질을 벗기는 돌판과 돌공이(그림 5)도 있었는데 참 멋있지요. 놀랍게도 질그릇에는 글자의 흔적들도 있었어요. 그러다 우리가 알 수 있는 그림이면서 또 말을 기록하는 문자로 쓰인 것은 지금부터 3, 300년 전인 상나라 때였어요.

중국 역사상 최초의 국가는 4천여 년 전에 건국한 하나라인데 나라의 존재를 증명할 유물이 없어 신화시대로 간주해요. 뒤이어 B.C.1600년 개국한 상나라는 중국 최초의 나라로 인정받았어요. 그 이유는 1899년 상나라 왕실이 있던 '하남성 안양 소둔'에서 나라의 일들을 기록했던 갑골문이 발견되었기 때문이지요. 상나라 사람들은 미신을 숭상하여 전쟁이나 국가의 제사 같은 큰일은 물론 작은 일도 신에게 점을 쳐 묻고 신의 계시에 따라 행했어요. 점친 결과는 거북이의 뼈(龜甲 귀갑)나 동물 뼈(獸骨 수골)에 기록하여 보관하였어요. 이것이 갑골문이어요.

상나라는 554년 간 지속하다 B.C.1046년 주나라에 패망하였고, 왕실 옛터는 모두 땅에 묻혔어요. 1899년 왕실 옛터에서 3천여 년 만에 갑골문을 극적으로 발견하였어요. 갑골 조각 16만 여 개를 모았고 조각에서 그림 글자 5천여 자를 찾았는데 그중의 1천 여 자를 풀이했어요. '갑골문'이라는 이름은 글을 새겼던 귀갑(龜甲)과 수골(獸骨)에서 갑(甲)과 골(骨) 두 자를 뽑아 합한 것이어요. 갑골문은 중국 최초의 문자이고 한자의 뿌리라고 할 수 있어요.

(그림 1) 무사와 물고기 문양

(그림 1) 무사와 물고기가 그려진 토기

(그림 2) 멧돼지가 그려진 토기

(그림 3) 물고기가 그려진 채색 토기

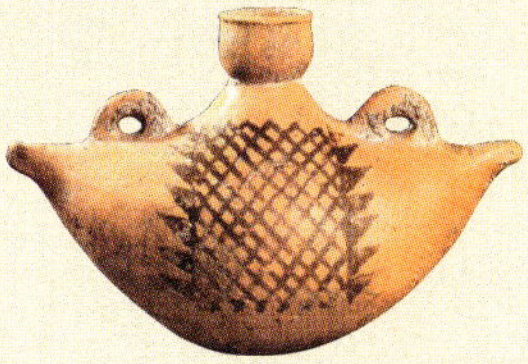

(그림 4) 배 모양 항아리

(그림 5) 곡식을 갈던 돌판과 돌공이

11

야곱의 꿈

(창세기 29-31)

야곱은 외삼촌 집으로 먼 길을 떠났어요. 어느 날 저녁 야곱이 **돌**을 베고 잠이 들었는데 꿈속에서 천사들이 하늘사다리를 오르내리는 것을 보았어요. 위에 계셨던 하나님이 말씀하셨어요.

"네가 잠든 이 땅을 네게 주마. 그리고 어디를 가든지 너를 지켜 주겠다."

잠에서 깬 야곱은 하나님이 늘 함께 계심을 알았고 그곳을 '하나님의 집'이라는 뜻인 '벧엘'이라고 이름 지었어요.

외삼촌 라반의 집에서 야곱은 오랜 세월동안 열심히 일해 큰 재산을 모았고 결혼하여 자녀도 두었어요. 어느 날 하나님은 야곱에게 고향으로 돌아가라고 하셨어요. 야곱은 **식구**들과 양떼를 몰고 고향으로 향했지만 형 에서가 아직도 자기를 미워할지 몰라 마음이 무거웠어요. 그런데 형이 사람을 끌고 마중 나온다는 소식을 듣고, 기쁘기도

하면서 겁이 나기도 했어요.

"하나님, 저를 사랑하시는 하나님 도와주셔요. 형에게 줄 많은 선물도 준비했으니 형이 나를 용서하게 해주셔요."

야곱은 또 기도를 하는데 어떤 사람이 나타났어요. 늦은 밤새 씨름을 했어요. 야곱은 다리를 다쳤지만 그 사람을 절대 놓지 않고 말했어요.

"내게 축복해 주지 않으면 보내지 않겠어요." 그 분은 하나님이셨어요.

드디어 야곱은 형 에서를 만났고 일곱 번이나 절을 올렸어요.

"야곱아 어서오너라."

형의 마음이 풀려 두 형제는 마주**보고** 울며 미움을 씻고 서로 기뻐했습니다.

11

야곱의 꿈

石	食	見
石(돌 석)	食(먹을 식)	見(볼 견)

한자를 배우니 한자를 만들었던 방법이 여러 가지인 것을 알았지요? '상형자'가 있고, '지사자'가 있고, 또 '회의자'가 있네요. 그러나 상형자, 지사자는 한 글자이고, 회의자는 두 글자를 합한 것이 달라요. 石과 食은 두 글자 처럼 보이지만 각기 다른 두 자를 합한 것은 아니어요.

石(돌 석)은 산에 있는 큰 돌의 모퉁이가 떨어져 나온 돌 조각을 그렸어요. 돌을 그린 상형자인 石은 '형'이고, '석'은 음이며 '돌'은 뜻(훈)이예요.

食(먹을 식)은 밥을 담는 밥통 모양이에요. '먹다'를 그릴 수 없어 밥통을 그렸지요. 밥통을 그려 ' 밥' 또는 '먹다'는 행위를 표현했어요. 가족은 '함께 밥을 먹는 사람'이어서 '食口'라고 하지요.

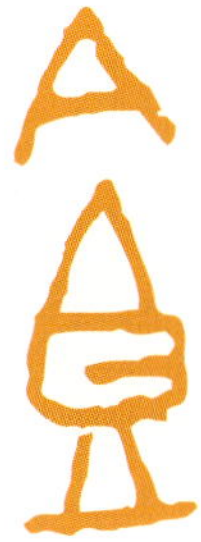

見(볼 견)은 '보다'는 뜻이어요. 사람은 서거나 앉아서 눈을 크게 뜨고 보아요. 그래서 人과 目을 합하여 사람도 눈도 아닌 회의자 '볼 見'을 만들었어요.

兄은 口와 儿(人)을 합하고 見은 目과 儿(人)을 합했어요. 이들은 각각 독립된 두 자로 나눌 수 있으니 '회의자'지요. 두자를 합해 새로운 뜻의 글자를 만든 것은 아주 창의적이고 편리한 방법이지요.

12

꿈꾸는 요셉

(창세기 37)

야곱은 가나안에 살며 열두 명의 아들을 두었어요. 야곱은 큰아들 르우벤이나. 막내인 베냐민을 제쳐두고 요셉을 가장 좋아했어요. 어찌나 사랑했던지 구하기 힘든 채색 **옷**도 지어 주셨어요. 형들은 아버지의 사랑을 독차지하는 요셉이 미웠어요. 어느 날 요셉이 꿈 이야기를 하였어요.

"형들의 곡식 단이 내 곡식 단을 향해 절하는 꿈을 꾸었어요."

"해와 달과 열한 개의 **별**이 나에게 절을 했어요."

요셉의 꿈 이야기를 들은 형들은 더욱 화가 치밀었어요. 하루는 요셉이 아버지 심부름으로 형들이 있는 곳으로 갔어요. 형들은 멀리서 요셉이 오는 것을 보고 '꿈꾸는 자가 온다' 하고 골려줄 생각으로 요셉을 구덩이에 빠뜨렸어요. 요셉이 소리 쳤어요.

"형, 살려 주세요!"

바로 그때 상인들이 지나 갔어요. 묘들은 요셉을 상인들에게 팔아버리고 아버지에겐 찢어진 채색 옷을 주면서 요셉이 사나운 동물에게 잡아 먹혔다고 하였어요. 야곱은 너무 슬퍼서 엉엉 울었어요.

한편 요셉은 멀고 먼 이집트 땅으로 끌려가 노예가 되었어요.

12

꿈꾸는 요셉

衣	星	生	四
衣(옷 의)	星(별 성)	生(날 생)	四(넉 사)

한자는 그림으로 그려 만들어진 글자라고 했지요. 그런데 일상에서 쓰는 말은 따로 있어 '말과 글자'가 일치되지 않았어요. 그것이 가장 큰 어려움이었어요. 그것을 해결할 수 있는 방법을 찾았어요. 회의처럼 두 글자를 합하는데, 한 글자는 '뜻'을 다른 자는 말의 '음'을 나타내게 하였어요. 이 방법은 '형성'이고 이렇게 만든 자는 형성자(形聲字)라 해요.

衣(옷 의)는 윗옷의 목과 양쪽 소매, 앞섶을 그렸지요. 옷 중에 가장 중요한 '목과 소매' 부위를 그려 '옷 衣'자를 만들었어요.

星(별 성)은 하늘에 떠 있는 별이지요. 별은 수없이 많지만 처럼 세 개만을 그렸어요. 별 세개가 반짝반짝 빛나 晶(수정 정)이 되어버렸어요. 그러나 말로는 별을 '성'이라 하여 별은 한 개만(日) 남기고 '성'과 음이 비슷한 '生(생)'을 음으로 넣어 형성자 '星(성)'자를 만들었어요.

生(날 생)은 싹이 땅을 뚫고 나오는 모양을 그린 상형자인데 새로운 생명이 돋아나 '새롭다'는 뜻이 되었다고 했지요.

四(넉 사)는 숫자 넷인데, 네 개의 획을 포개 그려 숫자 넷을 나타낸 지사자예요. 획이 많아 분간하기 어려워 점차 四형으로 바꾸었어요.

한자를 만든 네 가지 제작방법을 정리해봐요.

상형자 : 사물의 모양을 그림으로 그려 만든 글자 이지요.

지사자 : 형체가 없는 생각도 그림으로 그려 만든 글자 이지요.

회의자 : 두 글자를 합해 새로운 뜻의 글자로 만든 글자 이지요.

형성자 : 뜻과 음을 나타내는 두 자를 합해 만든 글자 이지요.

13

바로의 꿈

(창세기 41)

상인들은 요셉을 이집트로 데려가 부잣집에 팔아버렸어요. 요셉은 그 집에서 주인을 위해 성실하게 일했으나 억울하게 누명을 쓰고 감옥에 갇히게 되었어요. 요셉은 나의 **신**인 하나님이 잘 도와주시리라고 믿으며 감옥에 갇힌 사람들과도 친구로 사귀며 지냈어요. 그중에 이집트 **왕** 바로의 술을 관리하는 사람도 있었어요. 그가 말했어요.

"어젯밤에 내가 꿈을 꾸었는데 포도즙을 짜 바로의 잔에 부어 그 잔을 바로에게 드렸어, 무슨 꿈일까?"

"당신은 다시 왕의 **술**을 관리하는 일을 맡게 될 것이요. 옥에서 풀려나면 나를 도와주시오."

그는 정말 풀려나 **또** 다시 왕의 술을 관리하게 되었어요. 그러나 요셉에 대해서는 까맣게 잊어버렸어요. 한참 뒤 바로왕은 이상한 꿈 두 가지를 꾸었어요.

첫째는 살찐 일곱 마리 암소와 마른암소 일곱 마리를 보았는데 마

른 암소가 살찐 암소를 잡아먹어 버렸고, 둘째 꿈에서는 잘 여문 일곱 이삭과 마른 일곱 이삭을 보았는데 마른 것이 여문 것을 삼켜버린 것이었어요.

바로는 마음이 초조하여 꿈풀이 할 사람을 찾았어요, 그때서야 술 담당 관리는 요셉이 생각나서 왕에게 추천을 하여 요셉이 왕의 꿈을 풀이하게 되었어요.

"앞으로 7년은 곡식이 잘 자라겠지만 그 후 7년은 흉년이 들 것입니다."

바로는 감탄하고 요셉을 좋아 했어요.

"요셉, 너는 참으로 지혜롭구나. 내가 너를 이집트의 총리로 삼겠다."

요셉은 이집트의 총리가 되었어요.

13

바로의 꿈

申(神)	王	酉(酒)	又
神(신 신)	王(왕 왕)	酒(술 주)	又(또 우)
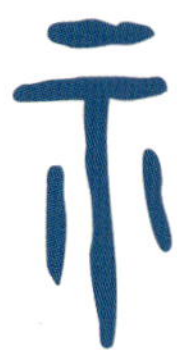		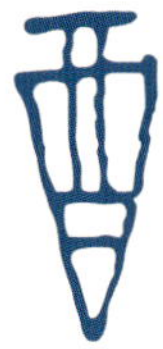	

사람들이 농사짓고, 질그릇을 만들고 거기에 싸인도 하며 자신을 나타내던 시기를 신석기시대라고 해요. 이 때 글자가 만들어지기 시작된 것이어요. 한자를 만드는 데는 수천년 동안 살아온 생활경험이 기초가 되었어요.

한자의 활용방법 한자는 상형, 지사, 회의, 형성 등 네 가지 방법으로 만들었고 한자의 활용하는 방법은 '가차', '인신', '전주' 등이 있어요. 우선 '가차'를 봐요.

申(납 신)은 천둥이 쳐서 전기가 번쩍하는 모양(申)으로 '전기'를 뜻했어요. 그 소리가 어찌나 큰지 '신'으로 여겨 신이 빌려갔어요. 점차 示를 붙여 神이 되었어요.

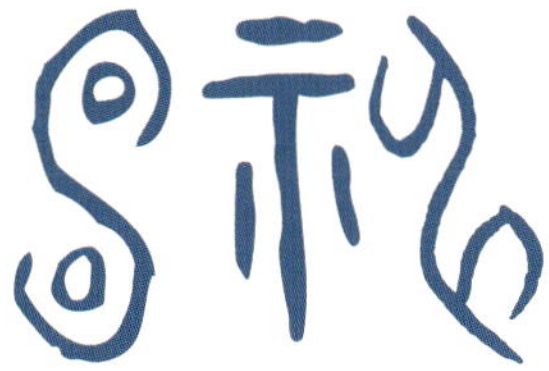

王(왕 왕)은 왕관 모양, 또는 지도자가 들었던 도끼 모양으로 풀이해요. 사람들은 왕은 왕관을 쓰거나, 지휘봉을 들고 백성들을 다스렸다고 생각했지요. 그림이 글자로 변하면서 王자가 되었지요.

酒(술 주)는 제사에 올리는 술(酉)이었어요. '유(酉)'는 질그릇 병인데 제사에 술을 담아 올렸어요, 酉를 '닭유'로 빌려써 술은 물 水를 붙인 '술 酒'자를 만들었어요.

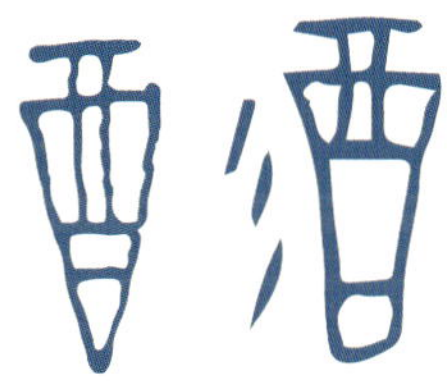

又(또 우)는 오른손의 다섯 손가락 중 셋만 그린 '손'으로 '우'라 하였어요. 점차 '또 다시' 라는 말이 생겼는데 음이 '우'여서 又자를 빌려 써서 '또 又' 가 되었지요.

새로운 말이 생겼을 때 글자를 새로 만들지 않고 이미 있는 글자 중에서 음이 같은 자를 '빌려쓰는 방법'을 '가차(假借)'라고 해요. 음이 같은 자를 빌리는 것은 새 글자를 만들기 보다 간편하여 '가차'는 많이 활용되었어요.

14

요셉과 그의 형들

(창세기 42-43)

처음 7년 동안, 요셉은 이집트 백성들이 먹고 남은 곡식을 철저하게 거둬들여 저장하였어요. 그 후 연이어 7년 동안 흉년이 시작되었어요. 그러나 요셉의 대비로 이집트에는 양식이 있었으나 주변 나라는 곡식이 없었어요. 요셉가족도 먹을 것이 떨어져 아버지는 아들들을 이집트로 보내 곡식을 사오게 하였어요.

이집트에 온 형들은 좋은 옷을 입고 금 사슬을 두른 멋진 사람에게 꾸뻑 절을 하였어요.

"우리들에게도 곡식을 파세요!"

요셉은 대번에 형들을 알아보았어요. 하지만 형들은 요셉을 알아보지 못했어요. 그는 동생 베냐민의 소식이 제일 알고 싶었어요. 그리고 동생이 살아 있음을 알고 그를 데려오게 하였어요. 그립던 동생이 오자 벤냐민을 자신 곁에 두고 싶어 베냐민이 떠날때 은잔을 훔친 것처럼 꾸몄고 이를 빌미로 말했어요.

"저 자를 감옥에 가두어라."

형 중 한명이 말했어요.

"베냐민을 돌아가게 해주셔요, 아버지가 오래전 사랑하는 아들을 잃었는데 다시 베냐민까지 잃을 수 없어요."

요셉은 형들이 잘못을 뉘우치고 있음을 알고 울음을 참으면서 말했어요.

"제가 바로 요셉이에요."

형들이 깜짝 놀랐어요. 형들은 그 옛날 요셉을 팔았던 것을 진심으로 뉘우쳤어요.

"하나님이 저를 지켜 주셨어요. 저는 형들을 미워하지 않아요."

이제 요셉은 아버지를 비롯한 모든 가족을 이집트의 고센지방으로 데려와 함께 살게 되었고 그들의 자녀들은 하늘의 별처럼 많아 졌어요.

14

요셉과 그의 형들

年	凶	金	五
年(해 년)	凶(흉할 흉)	金(쇠 금)	五(다섯 오)

처음 사람들은 사람의 얼굴이나 몸을 그렸고, 주위의 물건들도 그렸어요. 말하고 싶은 대상을 그려서 다른 사람에게 전해 의사를 소통했지요. 상대가 알아보고 다른 사람들도 서로 이해하면 모두가 공인하는 그림글자가 되었어요.

年(해 년)은 사람(人)이 벼(禾)를 지고 가는 모양이어요. 농사를 지어 사람이 벼를 수확해 지고가면 일 년이 되었다는 의미여서 人과 禾 두자를 합해 '해 年'을 삼았어요.

凶(흉할 흉)은 큰 구덩이에 무언가 빠진 모양이어요. 구덩이에 빠지면 놀라고 다치니 불길한 일이어서 그 모양으로 '흉할 凶'자를 만들었어요.

金(쇠 금)은 쇠붙이를 뜻하고 점차 황금으로 썼어요. 산에 굴을 파고 광물을 캐는데 무너지지 않게 입구에 받침대로 받친 모양을 그렸고 곁에 금속 덩어리도 있어요. 성씨로 쓸 때는 '김'으로 발음해요.

五(다섯 오)는 두 막대를 교차한 모양, 또는 실을 감는 틀 모양을 그렸어요. 그러나 '다섯'이라는 숫자가 이 글자를 빌려 써 '다섯 五'가 되었어요. 새로 만들지 않고 '가차'하여 썼으니 참 편리한 방법이지요.

15

물에서 건져낸 아기

(출애굽기 2-3)

요셉이 죽고 200년이 지났어요. 이삭의 가족은 하나님의 축복 속에 큰 민족이 되었어요. 아브라함에게 하셨던 약속이 이루어진 거에요. 그러나 그곳 사람들은 야곱의 공적은 다잊고 이들을 '이스라엘' 사람들이라고 불렀어요. 이집트 사람들은 이스라엘 사람들이 많아지는 게 싫었어요. 그래서 이집트 왕은 이스라엘 사람들을 노예처럼 부리며 힘든 일을 시켰어요. 그리고 군인들에게 남자 아기가 태어나면 죽이라는 무서운 명령도 내렸어요.

한 엄마가 남자 아이를 낳아서 3달 동안 몰래 숨겨서 키웠어요. 하지만 더 이상 숨길 수 없었어요. 엄마는 눈물을 흘리며 아기를 바구니에 넣어 나일강에 띄웠어요. 누나 미리암이 아기를 지켜보았어요.

다행스럽게 이집트 공주가 강가에 나왔다가 바구니 속의 아기를 발견했어요.

"어머나, 불쌍해라, 내가 키워야지. 네 이름은 '모세'라고 할 거야."

미리암이 달려가서 공주에게 말했어요.

"아이를 키워줄 유모가 필요하시나요?"

그리고 엄마를 소개했어요. 모세는 어린 시절 엄마 품에서 자라다가 공주에게 돌아가 금은보화로 장식된 왕궁에서 귀한 왕자로 자라게 되었어요.

15

물에서 건져낸 아기

民	肉	多	江	銀	六
民 (백성 민)	肉 (고기 육)	多 (많을 다)	江 (강 강)	銀 (은 은)	六 (여섯 육)

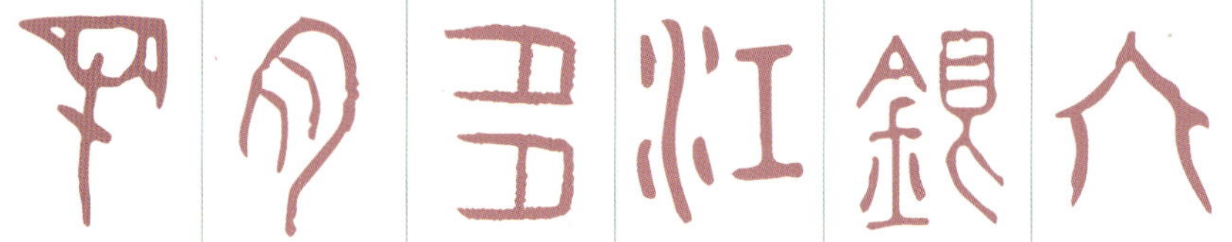

한자는 처음 물건들의 모양을 그려 '상형자'를 만들었지만 점차 여러 가지 생활 모습도 그렸어요. 지배자들은 백성들을 노예처럼 부리고 도망을 못 가게 하여 고달프게 살았는데, 그들이 시달리는 모습도 모두 한자로 만들었어요.

民(백성 민)은 침같이 뾰족한 것으로 눈(, 目)을 찌른 모양이에요. 노예들의 눈을 다치게 하여 도망가지 못하게 했어요 그러다. 점차 '일반 백성'을 뜻하게 되었어요.

肉(고기 육)은 고기 덩어리를 잘라 놓은 모양이어요. 점차 살코기의 결도 그리면서 肉으로 변했어요. '肉眼(육안)', '肉食(육식)', '血肉(혈육)' 등에 써요.

多(많을 다)는 고기 두 덩어리를 쌓아둔 모양이어요. 조상의 제사에 술과 고기는 꼭 올렸어요. 多는 夕(석)자가 둘인 것처럼 보이나 사실은 고기(肉) 두 덩이를 포개 많음을 뜻한 회의자지요. '多少(다소)'에 쓰여요.

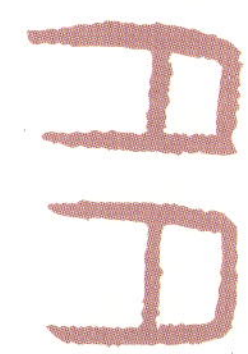

江(강 강)은 강물이지요. 강물(水)이 흐르는 소리를 공(工)자로 나타내 형성자를 만들었어요. 工은 강과 모음이 비슷해 음표로 삼았어요. 음이 비슷하면 기억하기가 쉬워요. '漢江(한강)', '江邊(강변)', '江村(강촌)' 등에 쓰여요.

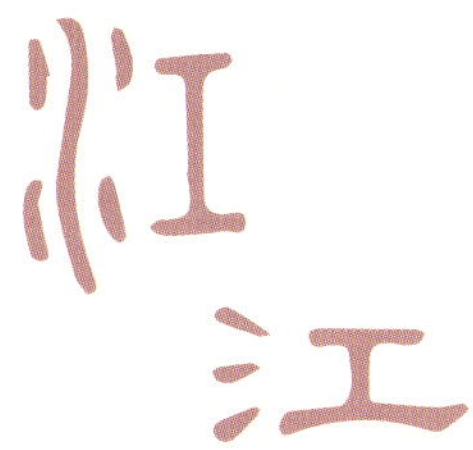

銀(은 은)은 백금을 뜻하는데 '은'이라 하였어요. 은도 금속이어서 金을 취하고 '은'과 모음이 같은 '艮(간)'을 음으로 삼아 형성자를 만들었어요. '銀塊(은괴)', '銀盤(은반)', '銀河(은하)', '洋銀(양은)'에 쓰여요.

六(여섯 육)은 숫자 6인데 '류'라고 하였어요. 마침 오두막집( )을 '루'라 하여 6과 발음이 비슷해서 집 모양인 를 '여섯 六'으로 빌려 썼어요.

한자에 대한 재미있는 이야기

3 한자는 '육서(六書)'로 만들어졌어요.

상나라의 갑골문은 3,300년 전 왕실의 일을 기록했던 문자였는데 여러 번 이름이 바뀌어 지금은 '한자'로 불리고 있어요. 그러나 한자를 어떻게 만들었나 하는 연구는 한나라 때 '허신'이라는 학자가 『설문해자』(100년)를 쓰면서 시작되었어요. 그는 한자 1만자를 분석하여 한자는 '여섯 가지 방법'으로 만들었다는 '육서(六書)'이론을 세웠어요. 갑골문을 六書에 적용해 보니 거의가 일치하여 한자는 갑골문에서 변화된 것임이 증명되었어요. 상형, 지사, 회의, 형성, 인신(전주), 가차 등 '六書'를 살펴볼까요.

1) '상형(象形)'은 물체의 모양을 본 따 그린 방법이어요.

大  : 팔다리를 펴고 앞으로 선 사람을 그려 '사람'이라 했어요.

山  : 산 봉오리 셋을 그려 '산'을 나타냈어요.

心  : 사람 심장 모양을 그려 '마음'을 나타냈어요.

2) '지사(指事)'는 생각을 그림으로 그린 방법이어요.

一 : '하나'라는 생각을 가로 획 하나를 그려 나타냈어요.

二  : '둘'이라는 생각을 가로 획 둘을 그려 나타냈어요.

3) '회의(會意)'는 두 자를 합해 새로운 뜻의 글자를 만든 방법이고, 회의의 구조공식은 '从모, 从모(某)'예요.'从某'는 '아무자를 따랐다'예요.

明 : 明은 '从日, 从月'의 회의자로 해와 달을 합해 '밝다'는 明자를 만들었어요.

好 : 好는 '从日, 从月'의 회의자로 엄마(女)가 아이(子)를 안아 '좋다'는 好자를 만들었어요.

4) '형성(形聲)'은 뜻을 나타내는 글자에 말의 소리인 글자를 합한 방법이고 형성의 공식은 从모, 모聲' 이지요.

齒 : 앞니를 그린 ' '에 이와 음이 같은 '止(지)'를 넣어 '이 齒'자가 되었어요. 말이 생기면 음이 같은 자를 넣어 새 자를 만들었어요. '从 , 止聲'의 형성자이지요.

星 : 별 하나를 그렸고 별을 부르는 '성'과 모음이 같은 '生'을 합하여 '从日, 从聲(성)'의 형성자인 '별 星'을 만들었어요.

*'형성'은 일상의 말을 음표로 넣은 방법으로, 말이 생기면 그림을 그리지 않고 '뜻인 글자'에 말과 '음이 같은 글자'를 합해 새로운 글자를 만드는 방법이지요. 형성은 글자를 쉽게 만들고 오래오래 쓰이도록 해준 획기적인 창안이었어요.

5) '인신(引伸)'은 새로운 말이 생기면 '의미가 비슷한 다른 글자'를 끌어다쓰는 방법이지요(인신은 점차 전주로 바뀌었어요).

大 : 大는 '사람'인데 커서 '크다'가 끌어와 '클 大'가 되었어요.

高 : 高는 '높은 집'인데 높아서 '높다'가 끌어와 '높을 高'가 되었어요.

6) '가차(假借)'는 새 말이 생기면 글자를 만들지 않고 '음이 같은 글자'를 빌려 쓰는 방법이어요.

又 : '又'는 손가락 3개를 그린 모양의 '손'으로 '우'라 했어요. '또한'이란 말도 '우'지만 그릴 수 없어, 음이 같은 又를 빌려와 '또 又'가 되었어요.

無 : '無'는 손에 채를 잡고 춤추는 모양인 '춤출 무'인데, '없다'라는 말도 '무'라고 했지만 그릴 수 없어 음이 같은 춤인 '無'를 빌려가 '없을 無'가 되었어요. 춤은 '춤출 舞'를 다시 만들어 주었어요.

인신과 가차는 빌려 쓰는 것은 같지만 서로 다름이 있어요.

* 引伸(인신)은 '뜻과 연관이 있어서 끌어다 쓴' 방법이고,

* 假借(가차)는 '음이 같거나 비슷하여 빌려 쓴' 방법이어요.

12간지 지지와 조합한 동물, 월별, 시간의 조합표

지지	子자	丑축	寅인	卯묘	辰진	巳사	午오	未미	申신	酉유	戌술	亥해
띠동물	쥐	소	호랑이	토끼	용	뱀	말	양	원숭이	닭	개	돼지
월	11	12	1	2	3	4	5	6	7	8	9	10
시간	밤 11-1	밤 1-3	밤 3-5	밤 5-7	밤 7-9	밤 9-11	낮 11-1	낮 1-3	낮 3-5	낮 5-7	낮 7-9	낮 9-11

子 쥐 밤 11~1시

쥐가 빈번하게 활동 하는 시간.

丑 소 밤 1~3시

풀을 충분히 먹은 소가 되새김하며 일할 준비를 하는 시간.

寅 호랑이 밤 3~5시

호랑이가 배고파 가장 크게 포효하는 시간.

卯 토끼 밤 5~7시

달이 아직 떠있고, 토끼가 방아를 찧고 있는 시간.

辰 용 밤 7~9시

많은 용들이 아침비를 맞으며 활동하는 시간.

巳 뱀 밤 9~11시

뱀의 활동이 뜸해 사람을 해치지 않는 시간.

午 말 낮 11~1시

양기가 하락하고, 음기가 상승하는 시점. 말은 음형이므로.

未 양 낮 11~1시

양이 즐겨 풀을 뜯는 시간이고, 풀의 재생에 영향이 없는 시간.

申 원숭이 낮 3~5시

원숭이가 짖어대기를 즐기는 시간.

酉 닭 낮 5~7시

석양이 되어 닭이 횟대에 오르는 시간.

戌 개 낮 7~9시

개가 가장 좋아하는 자리에서 주인을 위해 문을 지키는 시간.

子 돼지 낮 9~11시

돼지가 깊이 잠드는 시간.

16

불타는 떨기나무

(출애굽기 3)

모든 것이 우리 주님의 돌보심이었어요.

모세는 순조롭게 바로 궁에서 공주의 아들인 왕자로 자랐어요. 하지만 어린 시절 어머니에게서 자기가 누구인 것을 알 수 있었어요. 모세는 자기의 백성들이 노예로 사는 것이 싫어 구해주고 싶었어요. 그것을 아는 바로는 모세를 해치려고 하여 모세는 왕궁에서 멀리멀리 도망을 쳤어요.

모세는 미디안 사막으로가 양을 치며 살았어요. 어느 날 덤불에 불이 붙었는데 타지 않는 것을 보고 신기하여 가보았더니 그 속에서 하나님의 목소리가 들렸어요.

"모세야, 내가 너를 택했다. 내 백성을 이집트에서 데리고 나와 새 땅으로 가거라, 그 곳은 땅이 비옥하고 젖과 꿀이 흐르는 가나안으로 아브라함과 이삭, 야곱에게 약속한 땅이다."

모세는 바로가 자기 말을 듣지 않을 것이라고 했어요.

하나님은 모세에게 지팡이를 던지게 하니 지팡이가 뱀으로 변하였고, 다시 잡으라고 명령하니 지팡이가 되는 기적을 보여주셨어요.

"저는 말솜씨가 없어요." 라고 또 핑계를 대자 하나님은 말씀하셨어요.

"말 잘하는 너의 형 아론이 있다."

모세와 아론은 하나님의 말씀을 백성들에게 전하며, 모두 이집트를 떠날 준비를 하라고 알리고 약속하신 땅으로 갈 마음을 먹었어요.

16

불타는 떨기나무

主	公	宮	火	七
主(주인 주)	公(공변될 공)	宮(집 궁)	火(불 화)	七(일곱 칠)

옛 사람들은 불이 없어 날 음식을 먹었어요. 그러다 불을 얻게 되어 음식을 익혀 먹고 추위에도 따뜻하게 몸을 보호할 수 있었어요. 불은 어떻게 그렸을 까요.

主(주인 주)는 나무 가지 끝에 불을 붙인 횃불모양이예요. 불은 어두움을 밝혀주니 중요하게 여겨 가장 중심이 되는 윗자리에 두었지요. 점차 '임금', '주인' 등이 그 뜻을 끌어다 썼어요.

公(공변될 공)은 '분별하다'는 八(별)과 사사로운 厶(사)를 합쳤어요. 사사로운(厶) 일을 공평하게 분별(八)해야 '정의롭다'는 의미지요. '공평'에 쓰여요.

宮(집 궁)은 집안에 방이 여럿 있는 모양이어요. 왕궁에는 왕이 집무하는 방이 많으므로 '왕의 거처'를 뜻했고, '궁궐', '궁전' 등에 쓰여요

火(불 화)는 불꽃이 솟는 모양이어요. 가 점차 火로 변했고 '화'로 발음하고, 뜻(훈)은 '불'이어요. 글로 쓰는 글말로는 '화재', '화요일'처럼 '화'라 하고, 일상의 입말은 '불조심', '불씨'처럼 '불'이라 하지요.

七(일곱 칠)은 숫자 7로 '칠'이라 하는데 그릴 수 없었어요. 마침 '자르다'는 말인 十(채切)와 자음이 같아 이를 가차해 '일곱 十(7)'이 되었어요. 그런데 '열 十'도 十와 모양이 같아 7인 경우는 十의 아래를 구부려 '일곱 七'이 되었어요. '자르다'는 따로 切자를 만들어 주었어요.

17

열 가지 무서운 재앙

(출애굽기 7- 11)

모세와 아론은 담대히 바로의 宮으로 가서 말했어요.

"이스라엘 사람들을 내보내 주시오. 그렇지 않으면 하나님이 벌을 내리실 것이요."

"안 돼. 난 너희들의 하나님을 몰라." 딱 잘라 말했어요. 그리고 노예들에게 더욱 심하게 일을 시켰어요. 하나님은 재앙을 내리기 시작하였어요.

맨 처음 이집트의 강물을 **피**물로 만드셨어요. 그러나 바로는 꿈쩍도 안했어요.

이번에는 온 나라에 개구리 떼가 득실거렸어요. 바로는 말했어요.

"개구리를 쫓아주면 백성들을 놓아 주겠다." 개구리를 쫓아 주었으나 소용없자 이번에는 엄청난 이 떼가 뒤덮게 하고, 다음에는 파리 떼의 소굴로 만들었어요. 그래도 소용없자 이번에는 모든 동물이 병들게 하였어요.

나아가, 온 나라 사람들은 종기가 나고, 우박, 메뚜기 떼가 곡식을 삼키는 재앙을 주었어요.

바로는 약속을 하였지만 재앙을 풀어주면 곧 마음이 변하였어요.

모세는 이제 바로 왕에게 주는 하나님의 마지막 경고를 받았어요.

"내 백성을 내 보내지 않으면 모든 이집트 사람의 맏아들을 죽이겠다."

그리고 그 경고는 이루어졌어요. 그 때야 바로는 항복을 하였어요.

"나가라. 너희들의 소나 羊도 다 끌고 이제 **나가**거라."

17

열 가지 무서운 재앙

皿	血	止	足	出
皿(그릇 명)	血(피 혈)	止(그칠 지)	足(발 족)	出(날 출)

인신은 무엇일까요.

한자는 물체를 그린 '상형', 생각을 그린 '지사', 두 글자를 합해 새 뜻을 준 '회의', 글자 속에 말의 음을 넣은 '형성' 등 네 가지 '제작방법'으로 만들었다고 했지요. 그 외에 음이 같아 빌려 쓴 '가차'와, 뜻이 비슷해 끌어 쓴 '인신', '전주'가 있는데 이들은 한자의 '활용방법'이어요.

皿(그릇 명)은 일상생활에서 두루 쓰는 큰 대접 모양을 그렸어요. 음식물을 담는 그릇은 많지만 기본이 되는 皿이 그릇의 대표가 되었어요.

血(피 혈)은 그릇(皿) 속에 피 방울이 있는 모양을 그렸어요. 옛날 용사들이 맹세할 때 그릇에 동지들의 피를 모아 넣고 함께 마셨어요. 그러한 관습을 그려 '피 血'을 만들었지요.

止(그칠 지)는 발가락 서너개를 그린 발모양이어요. 발로 걷지만 언젠가는 그치니 '그치다'는 뜻이 발(止)을 끌어와 '그칠 止'가 되었어요. '止'의 원 뜻은 '발'이고 그치다는 '인신의'라고 해요. '止血(지혈)'에 쓰여요

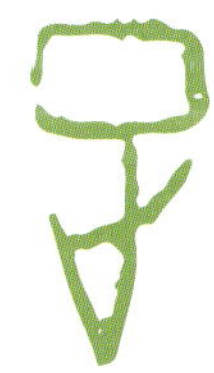

足(발 족)은 정강이(口)와 발(止)을 그린 상형자로 '정강이', '다리'를 뜻해요. 발로 어디든 다닐 수 있어 '족하다'로 인신되었고, 다리는 '脚(각)'자를 만들었어요. '充足(충족)', '滿足(만족)'으로 인신되어, '手足(수족)'에 쓰여요.

出(날 출)은 '나가다'는 뜻인데 '나감'은 집에서 밖으로 나가는 모양으로 나타냈어요. 집(凵)과 밖으로 나가는 발(止)을 합하여 회의자 出을 만들었지요.

18

구름 기둥과 불기둥

(출애굽기 13, 17-22)

모세는 이스라엘 사람들을 이끌고 기쁜 마음으로 이집트를 빠져나왔어요. 그들은 하루빨리 하나님이 약속하신 땅으로 가기 위해 길을 재촉하였어요. 하지만 누구도 가나안으로 가는 길을 알지 못했지요.

이집트에서 가나안으로 가는 길은 두 가지가 있는데 불레셋 방향으로 가는 가까운 길과 홍해의 광야를 건너는 먼 길이 있었어요.

불레셋 쪽 길은 가깝지만 그들과 싸워야 하는데 다툼이 벌어지면 **백성**들이 이집트로 다시 돌아가자고 할 것이 뻔했어요. 하나님은 백성들을 홍해 쪽의 길로 인도하여 이스라엘 백성들은 줄을 지어 나섰어요.

모세는 이집트를 떠나기 전날, 이전에 요셉이 했던 당부대로 요셉의 유골을 가지고 나왔어요. 하나님이 자신들과 절대 떨어지지 않고 꼭 함께 있기를 원했기 때문이었어요.

낮에는 몹시 무덥고 밤에는 너무나 추워 사람들은 어찌할 바를 몰

랐어요. 게다가 사나운 짐승까지 나타나서 그들을 해칠 수 있었지만 하나님은 이 모든 것을 막아 주시며 보호해 주셨어요.

하나님은 언제나 이들과 같이 계셨어요. 또한 하나님은 이들의 앞에 가시며 낮에는 **구름 기둥**으로 그들의 길을 인도하시고, 밤에는 불기둥으로 그들을 비추어 낮이나 밤이나 전진하게 하셨어요.

이제 구름기둥과 불기둥이 인도 하는 대로만 따라가면 되었어요.

18

구름 기둥과 불기둥

白	百	姓	云	柱
白(흰 백)	百(일백 백)	姓(성 성)	云(이를 운)	柱(기둥 주)

상나라 사람들은 '흰색'을 좋아했어요. 그래서 흰옷을 잘입고, 제사에도 '흰돼지'를 올렸어요. 농사일로 손이 더러웠지만 '엄지의 손톱'이 유독 희어서 그 모양을 그려 '白'자를 만들었어요

白 **(흰 백)**은 엄지손톱, 또는 쌀알 모양으로 풀이해요. 일상의 말 중에 흰 것을 '백'이라 하는데 그릴 수 없어 손톱모양인 (白)을 빌려와 '흰 白'으로 썼고, 점차 '밝다'는 뜻도 생겼어요.

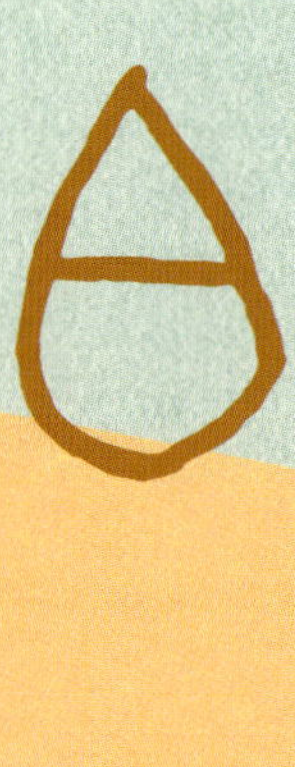

百(일백 백)은 ‘흰 백(白)’자 위에 처럼 한 획을 그은 모양이어요. '희다'는 백과 '일 백'의 음이 같아 白을 ‘일 백’으로 빌려 쓰다가 百자를 만들어 白과 구별하였어요. ‘百發百中(백발백중)’, ‘百姓(백성)’, ‘百歲(백세)’에 쓰여요.

姓(성 성)은 ‘女와 生’을 음으로 합한 형성자이다. ‘여인(女)이 낳(生)았다’는 의미이지요. 고대에 아이를 낳으면 어머니 姓을 따라 姓씨로 쓰고 ‘姓名(성명)’, ‘百姓(백성)’ 등에 쓰여요.

云(이를 운)은 구름이 감겨 흐르는 모양을 그렸고 ‘운’이라고 해요. 그러나 ‘이르다’도 ‘운’인데 그릴 것이 없어 ‘云’을 빌려가 ‘이를 운’이 되었어요. 구름은 비를 불러 雨(우)를 합친 ‘구름 雲’자를 만들었지요.

柱(기둥 주)는 건물의 기둥이고 ‘주’라고 불렀어요. 기둥은 나무로 만들어 木을 취하고, 음이 같고 ‘중요하다’는 主를 뽑아 ‘기둥 柱’를 만들었어요. 일상의 말은 문자 만드는데 중요한 근거가 되었어요.

19

바다가 갈라졌어요

(출애굽기 14)

하나님은 이스라엘 백성들을 홍**해** 바닷가로 이끌어 주셨어요. 홍해에 와서 그들은 뒤를 돌아보고 깜짝 놀랐어요. 이집트 **병사**들이 추격해 오고 있었어요.

"이스라엘 사람들을 쫓아가라!"

이집트의 왕 바로가 큰 군대를 보냈어요. 설상가상으로 어쩔 줄 모르는 이스라엘 사람들 앞에는 큰 바다, 홍해가 가로 막았어요. 너무 깊어서 건널 수 없었어요.

모세가 사람들에게 말했지요.

"겁내지 말고 하나님이 우리를 어떻게 구하실지 기다립시다."

이때 순간적으로 구름이 거세게 일어 백성들과 군대 사이를 막아 이집트 군대는 아무 것도 볼 수가 없었지요. 곧 바로 하나님의 목소리가 들려왔어요.

지팡이 든 손을 "바다 위로 내밀어 그것이 갈라지게 하라."

모세는 지팡이를 든 손을 바다 위로 내밀었어요.

하나님은 바닷물을 가르시고 길을 만드셨어요, 이스라엘 백성들이 모두 바다를 가로 질러 건너편으로 건너갔어요. 군대가 그들을 바짝 뒤쫓아 따라왔어요. 모세가 지팡이를 들자 바닷물이 다시 닫혀 군대를 모두 삼켜 버렸어요.

"하나님, 감사해요! 하나님만이 우리의 힘이고 구원이세요!"

이스라엘 백성들은 무사하게 이집트를 빠져나와 노예생활은 끝이 났어요. 모세는 하나님을 찬양 했고 백성들도 함께 기뻐했어요. 다함께 노래하고 춤추며 하나님께 감사를 드렸어요. 그들은 완전한 자유를 얻었어요.

19

바다가 갈라졌어요

海	每	斤	兵	士
海(바다 해)	每(매양 매)	斤(근 근)	兵(병사 병)	士(선비 사)

갑골문에 海(해)는 없고 河(하)가 있는데 황하신을 뜻했어요. 황하를 건널때 舟(배 주)를 탓는데 동물가죽에 바람을 넣어 메단 배도 있고, 왕의 전용 배로 '王舟(왕주)'라고 하였어요.

海(바다 해)는 짠물로 이룬 넓은 바다인데 '해'라 하였어요. 글자가 필요하여 '물 水'에 '해'와 모음이 같은 '每(매양 매)'를 음으로 합해 형성자인 '바다 海'를 만들었어요. '海水(해수)', '海女(해녀)', '海洋(해양)' 등에 쓰여요.

每(매양 매)는 머리에 장식을 한 여인이 꿇어앉은 모양의 상형자로, '아름다운 여인'이었어요. '항상 그 모양'이라는 '매양'이 음이 같은 每자를 빌려가 '매양 每'가 되었지요. '每事(매사)', '每番(매번)', '每日(매일)' 등에 쓰여요.

斤(근 근)은 도끼 모양이어요. 일상의 말에서 한 근을 '근'이라 했어요. 그릴 모양이 없어 음이 같은 '斤'을 빌려가 '근 斤'이 되었지요. 한근 두근하는 斤은 도끼인 斤을 '가차'해 썼어요.

兵(병사 병)은 두 손()으로 도끼(斤)를 잡은 모양이어요. 무기가 없던 시절 병사들은 도끼를 들고 싸워 그 모양으로 '병사 兵'자를 만들었어요.

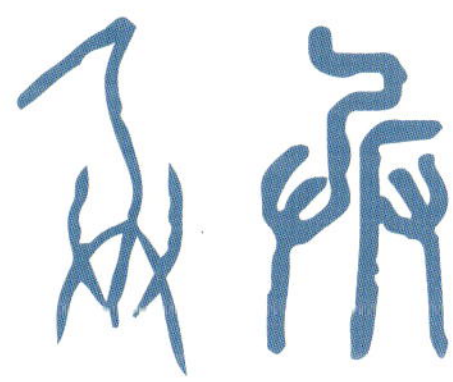

士(선비 사)는 하나를 배우면 열을 깨우치는 똑똑한 사람을 말해요, 十과 一을 합한 회의자이고, 원뜻은 '일(잘하는 사람)'이어요. '선비'를 '사'라 하여 士를 빌려가 '선비 士'가 되었고, '士大夫(사대부)', '軍士(군사)', '兵士(병사)' 등에 쓰여요.

20

하나님이 주신 양식

(출애굽기 16)

이스라엘 백성들이 이집트를 떠난 지 많은 날이 지나서 사람들은 지치고 배가 고파서 모세에게 **불평**을 했어요.

"먹을 것이 없어요!"

이집트를 떠날 때 사람들이 가지고 온 음식이 다 떨어졌어요.

"이집트에는 먹을 게 많았는데. 여기에서 굶어 죽게 생겼어요."

사람들은 불평하고 또 불평을 했어요. 하나님께서 그 말을 들으셨어요.

저녁에 되자 하늘에서 메추라기라는 **새**가 땅으로 내려와 날아가지도, 도망가지도 않았어요. 그래서 백성들은 메추라기 고기를 먹을 수 있었어요. 아침이 되자 땅에 눈같이 하얀 가루가 내려 있었어요. 이 달콤한 맛이 나는 가루는 하나님이 주신 음식이었죠. 사람들은 이것을 '만나' 라고 불렀어요.

물이 떨어지자 사람들은 또 불평하기 시작했어요.

"목이 말라요"

모세는 하나님께 기도했어요.

"지팡이로 저 바위를 쳐 보아라." 모세가 하나님 말씀대로 지팡이로 바위를 쳤지요. 그랬더니 바위에서 물이 콸콸 쏟아져 나왔어요.

하나님이 주신 물이었어요. 이젠 사막에서도 더 이상 배고프거나 목마르지 않았어요.

20

하나님이 주신 양식

不	平	鳥	八	九
不(아니 불)	平(평평할 평)	鳥(새 조)	八(여덟 팔)	九(아홉 구)

여러 물체를 그려 만든 그림문자가 사람 간에 의사를 전달하는 소통수단으로 쓰였으니 정말 놀랍지요. 이는 여러 사람들의 힘으로 이룬 성과였어요. 그런데 이런 문자가 실제로 땅속에서 발견되었어요.

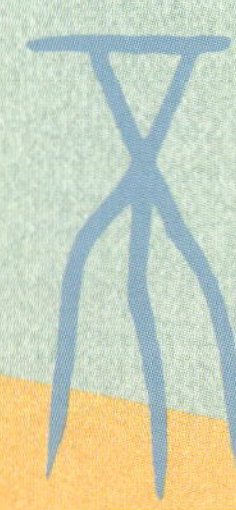

不(아니 불)은 꽃봉오리 아래의 씨방을 그렸고, '불'이라 했어요. 일상의 말에서 '아니다'도 '불'인데 그릴 수 없어 음이 같은 不자를 빌려 써 '아니 不'이 되었어요. '不信(불신)'

에 쓰이나 不뒤에 'ㄷ', 'ㅈ'이 오면 '不當(부당)', '不正(부정)' 처럼 '부'로 읽어요.

平(평평할 평)자는 원래 숨을 느리게 내쉬는 모양이었어요. 그래서 숨을 길게 내쉬다는 于자 속에 '공평하게 나누다'는 八을 양쪽에 나누어 넣었어요. 공평하고 평평하다로 인신되었어요. '平和(평화)', '平生(평생)'에 쓰여요.

鳥(새 조)는 새 모양의 상형자지요. 商(상)족은 새를 토템으로 하여 새를 신으로 섬겼고 鳥神(조신)에게도 제사를 드렸어요. 처음 새를 마치 닭처럼 그렸으나 점차 구분하였어요. '鳥瞰圖(조감도)', '鳥足之血(조족지혈)', '鳥獸(조수)'에 쓰여요.

八(여덟 팔)은 획을 벌려 그린 지사자로 '분별하다'는 뜻이고 '별'이라 하였어요. 8은 '팔'이라 하였는데 그릴 수 없어 음이 비슷한 '분별하다'는 '八'을 빌려써 '여덟八'이 되었어요.

九(아홉 구)는 구부러진 팔꿈치 모양으로 '주'라했어요. 아홉은 '구'라 하였는데 아홉인 '구'가 모음이 비슷한 굽은 팔꿈치를 '아홉 九'로 빌려 썼어요.

한자에 대한 재미있는 이야기

4 한자도 변화를 했어요.

최초의 한자였던 갑골문은 시대가 변하면서 각 시대마다 글자 모양도 변하였고, 이름도 바뀌었어요. 자형 변화를 차례로 살펴보아요.

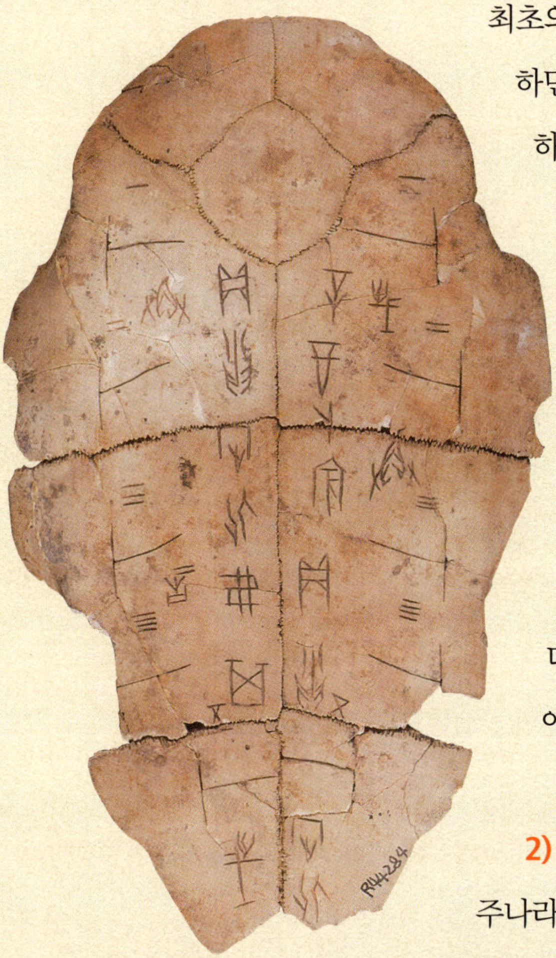

그림 1. 갑골문

1) 상나라 때의 甲骨文

갑골문은 3,300년 전 상 왕실의 공식문자였어요. 기원전 1046년 상나라가 망하고 갑골편들은 모두 땅에 묻혔다가 1899년 다시 발견되어 세상에 알려지게 되었어요. (그림 1)

2) 주나라 때의 金文(금문)

주나라는 기원전 1046년 건국하여 상나라의 금문을 이어받아 발전시켰어요. 이때는 나라 일을 금속인 청동기에 새겨 金文이라 하였는데 전국시대가 망하기까지 근 800년간 사용하였어요. (그림 2)

그림 2. 금문

3) 진나라 때의 小篆(소전)

진시황제는 기원전 221년 천하통일 후 문자를 정리하여 소전이라는 서체를 만들었어요. 그의 아들 胡亥(호해)는 3년 만에 한나라 劉邦(유방)에게 망하여 소전은 40년을 겨우 넘겼어요. (그림 3)

그림 3. 소전

4) 한나라 때의 隸書(예서)

한나라(BC 206~220)의 공식서체는 '예서'예요. 진나라가 망하자 사건이 많아 하급관리들이 빨리 쓰며 소전의 둥근 획이 삐침이 되었고, 이를 정리한 것이 예서이지요. 예서에는 하급관리가 쓰던 글자라는 뜻이 숨어 있어요. (그림 4)

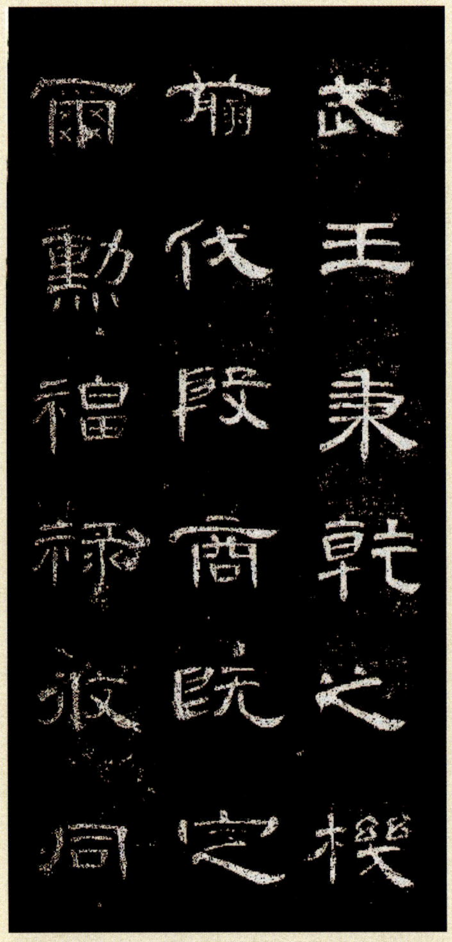

그림 4. 예서

5) 당나라 송나라를 거쳐 지금에 이른 楷書(해서)

해서는 예서의 골격은 유지하면서 삐치는 부분이 다듬어지며 정돈되었고 961년에 건국한 송나라 때 발달한 인쇄술에 힘입어 지금까지 거의 2천여 년 쓰인 正字體이지요. (그림 5)

6) 현대 중국의 간체자(簡體字)

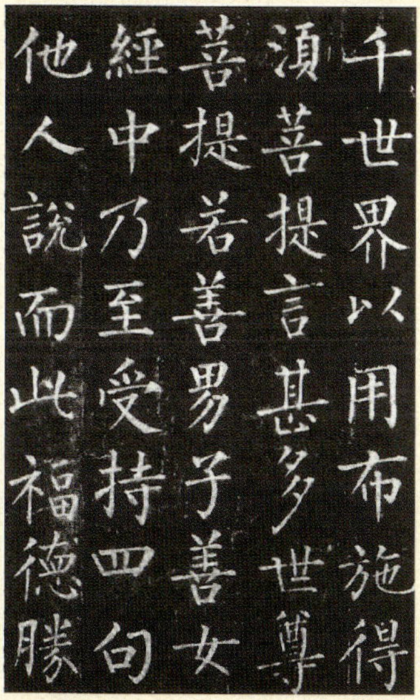

그림 5. 해서

1950년 중국은 대만과 중국 대륙의 양대 진영으로 나뉘었어요. 중국은 건국 후 문자를 통일하며, 1956년 복잡한 글자들을 줄인 簡化字(간화자) 약 2천 여 자를 만들었어요. 한자를 9가지 방법으로 줄였는데 몇 가지를 살펴보아요.

1. 획을 줄인 것 : 鱼(魚) 龟(龜)
2. 고체자를 쓴 것 : 众(衆) 无(無)
3. 원자의 일부를 쓴 것 : 声(聲) 医(醫)
4. 동음자를 쓴 것: 里(裏) 几(幾)

龜(구)자는 龟로 줄였고, 聲(성)은 声으로, 곡식 穀(곡)자는 음이 같은 谷(곡)으로 써서 획수가 줄었으나, 사용 중 '谷食(곡식)과 溪谷(계곡)'의 谷이 혼동되고, '里長(이장)'과 '里面(이면)'의 뜻 구별에 어려움이 있었어요. 그래서 1986년 한자의 간화작업은 중단되었지만 문자의 보급에는 도움이 되어 문맹율을 낮추었다고 해요.

21

십계명 - 하나님의 율법

(출애굽기 20)

하나님이 이스라엘 백성을 이집트에서 구해 내신 지도 석 달이 지날 무렵 시내 광야의 **높은** 산 앞에 진을 쳤어요. 어느 날 **아침** 갑자기 천둥번개가 치며 검은 구름이 몰려와 산을 덮었어요. 그러더니 나팔소리가 크게 울려 백성들은 두려움에 떨었어요. 하나님은 모세를 산꼭대기로 불러 말씀하셨어요.

‘나는 너희를 이집트에서 데리고 나온 하나님이다.”

하나님은 돌 판 두개에 십계명을 새기고 모든 백성에게 그 계명을 지키게 하셨어요.

하나님은 백성들이 하나님만을 사랑하고, 이웃을 사랑하기를 바라셔서 **열** 개의 율법을 주시고 이스라엘 백성들이 어떻게 **행**해야 하는지를 일러 주셨어요.

하나님은 예배를 드릴 거룩한 장소로 성막 만드는 법도 알려 주셨어요. 성막은 백성들이 하나님을 예배할 수 있는 곳이었어요. 하나님은 성막위에 구름을 펴주시고 구름이 움직일 때마다 백성들은 짐을 꾸려 따라갔어요.

21

십계명 - 하나님의 율법

高	朝	早	行	十
高(높을 고)	朝(아침 조)	早(일찍 조, 새벽 조)	行(다닐 행)	(열 십)
	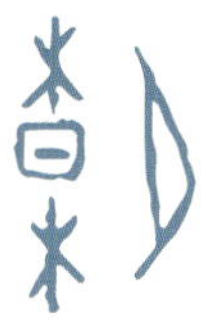			

한자의 흔적들은 7, 8천 년 전에 만들어진 질그릇에서 발견되었어요. 질그릇을 만든 사람들이 가장자리에 무언가를 써 넣은 것이지요. 그 중에는 간단한 글자와 1부터 10까지의 숫자도 많이 들어있었어요.

高(높을 고)는 높게 지은 이층건물이어요. 보통 사람들은 땅 속 움집에 살고, 귀족들은 아주 높은 집에서 살았어요. 사람들이 높은 집을 보고 와 '높다'라고 하여 '높을 高'가 되었어요.

朝(아침 조)는 간밤의 달(月)이 아직 떠 있고 아침 해가 나무 사이로 비추는 아름다운 '아침'을 나타낸 회의자 이지요. '朝夕(조석)', '朝會(조회)', '朝三暮四(조삼모사)' 등에 쓰고 점차 나라 일을 보는 '朝廷(조정)', '王朝(왕조)'로 끌어 썼어요.

早(일찍 조, 새벽 조)는 아침 해(日)가 떠올라와 병사들의 투구(甲)에 비추는 모양으로 日과 갑(+)모양을 그렸어요. '아침' 또는 '일찍' 의미로 써 '조기축구', '早晩間(조만간)'도 쓰여요.

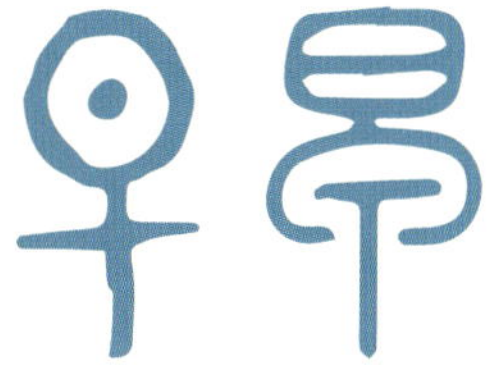

行(다닐 행)은 큰 십자로를 그린 상형자지요. 큰길 모양으로 '다닐 行'자를 만들었고, 다니는 움직임에서 '행동', '행위'로 인신되었어요. '行方(행방)', '行人(행인)', '行路(행로)' 등에 쓰여요.

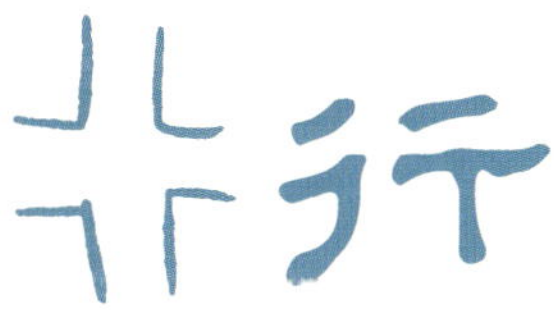

十(열 십)은 숫자 10을 뜻해요. 十은 '하나'에서 '열'로 끝나는 완전한 숫자이어요. 하나는 一인데 십은 이를 세워 |으로 나타냈고 이 되었다가 점차 十으로 바뀌었어요.

22

열 두 정탐꾼의 실수

(민수기 13-14)

어느덧, 이스라엘 백성들은 약속받은 땅 가나안에 가까이 왔어요. 하나님이 모세에게 정탐꾼을 보내라고 말했어요. 모세는 열 두 사람을 뽑아 우리가 갈 저곳에 어떤 사람이 살고, 그 땅은 얼마나 크며, 또 얼마나 비옥한지 살피고 **오라**고 하였어요. 정탐꾼들이 40일 만에 돌아 와 말했어요.

"정말 먹을 것도 풍부하고 **아름다운** 땅이어요. 그러나 그곳 사람들은 덩치가 크고 힘이 무척 강해 보였어요. 우리는 이길 수 없을 거예요."

그 중 여호수아와 갈렙은 달리 말했어요.

"두려워 할 것 없어요. 가서 그 땅을 차지합시다. 하나님이 우리에게 주시겠다고 약속하셨던 땅의 **흙**을 밟읍시다. 두려울 것이 없습니다."

그러나 아무도 이들의 말을 믿지 않았어요. 차라리 이집트로 돌아가자는 사람도 있었어요. 하나님은 백성들이 나를 믿지 않는구나 하

고 모세에게 말했어요.

"저자들은 그 땅으로 들어가지 못할 것이다."

하나님의 말씀대로 그들은 평생 광야에서 헤매고 지내야 했어요. 하나님은 40년이 지난 뒤 그동안 그들이 낳은 子女들과 여호수아, 갈렙만 약속하신 땅으로 **인도** 하셨어요.

22

열 두 정탐꾼의 실수

來	美	土	引	導
來(올 래)	美 (아름다울 미)	土(흙 토)	引(당길 인)	(이끌 도)

來(올 래)는 보리이삭과 뿌리를 그린 상형자이지요. 보리는 다른 곳에서 들어온 식물이라 '오다'가 빌려가 '올 來'가 되었어요. 보리는 '보리 麥(맥)'자를 만들어 주었어요. 來자 속에 人이 있다고 잘못 보아 人 부수에 넣었어요. 來年(내년), 未來(미래) 등에 쓰여요.

美(아름다울 미)는 사람이 머리에 고깔을 쓴 모양을 그린 상형자예요. 사냥이나 축제 때 머리에 깃털 치장한 모습을 아름답다고 여겼어요. 고깔이 '羊'처럼 변했으나 羊은 아니어요. '美人(미인)', '美術(미술)', '美觀(미관)', '美風良俗(미풍양속)'에 쓰여요.

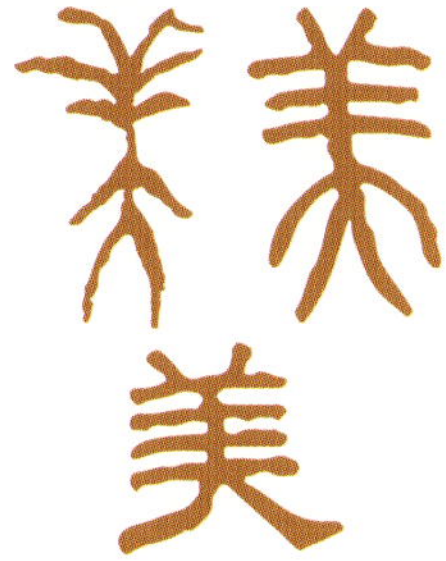

土(흙 토)는 흙을 말해요. 흙더미가 불룩 솟은 모양을 그려 흙을 나타냈고 음은 '토'지요. 土는 점차 '땅의 신'으로 쓰여 땅은 다시 '땅 地'자를 만들어 주었어요. 土木(토목), 土地(토지)에 쓰여요.

引(당길 인)은 사람(大)이 활(弓)을 벌리는 모양인 '从弓, 从大'회의자예요. 점차 '벌리다'에서 '끌다', '연장하다'로 인신되었고, 大는 사라지고 弓에 ㅣ를 합치게 되었어요. '引上(인상)', '引導(인도)' 등에 쓰여요.

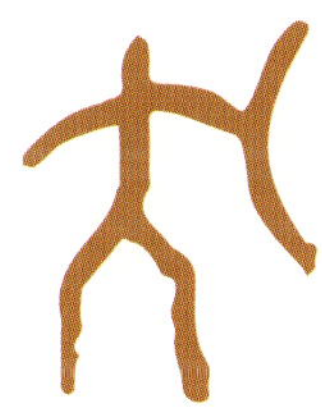

導(이끌 도)는 '이끌다'는 뜻이지요. 원래 '이끌다'는 뜻의 道(도)가 '도로'라는 뜻이 끌어가자, 道에 이끄는 손인 寸(촌)을 넣어 導를 다시 만들었어요. '引導(인도)', '先導(선도)', '導火線(도화선)' 등에 쓰여요.

23

약속의 땅으로

(여호수아 2-5)

모세의 **시대**는 끝이 났어요. 이집트에서 나온 백성들의 아들딸이 어느새 어른이 되었어요. 여호수아가 모세의 뒤를 이어 이스라엘의 지도자가 되어 이들을 이끌었어요.

여호수아는 매우 두려웠어요. 하나님이 여호수아에게 말했어요.

"너는 이 백성을 이끌고 내가 모세에게 약속한 그 땅으로 **들어가**라. 내가 도와 줄 것이니 나를 **믿으라**."

이스라엘 백성들은 행진을 그치고 요단강가에 진을 쳤어요. 강건너 편에는 사방이 벽으로 싸인 여리고성이 있는데 여호수아는 두 사람을 보내 성의 내부를 살펴보게 하였어요.

여리고 왕은 정탐꾼이 잠입했다는 말을 들었어요. 그러나 라합이라는 여인이 자기 집 지붕에 두 사람을 숨겨 주었어요. 정찰병이 수색하러 오자 벌써 저쪽으로 가버렸다고 했지요.

라합은 정탐꾼에게 말했어요.

"여호와께서 이 아름다운 땅을 너희에게 주신 줄을 내가 아노라. 우리가 너희 백성들을 두려워하여 너희 앞에서 간담이 녹는다."

이어서 말 했어요.

"너희 하나님은 너희 앞에서 홍해 물을 마르게 하신 것도 아노라. 여호와는 위로 하늘과 아래로는 땅에서도 하나님이시니라."

그리고 라합은 그들이 나아갈 길도 인도해 주었어요.

23

약속의 땅으로

時	寺	入	信	代
時(때 시)	寺(절 사)	入(들 입)	信(믿을 신)	代(대신할 대)

그림 문자였던 한자는 수천 년 동안에 걸쳐 만들고 써오면서 고치고 서로 잘 알아보게 다듬어졌어요. 그러는 사이사이에 사람들의 생각이 스며들었어요. 한자를 보면 당시 사람들의 생각을 알 수 있어요.

글자 설명에 사용된 从(종)자는 '따를 從(종)'자의 약자이며 간자체로 문자학에서는 뒤에 따라오는 글자를 '의미부수로 삼는다'는 뜻으로 쓰여요. 따라서 从日은 '날 日'을 부수자로 삼는다는 뜻이고, 从止는 '그칠 止'를 부수자로 삼는다는 뜻이에요. 앞으로도 계속 从자 뒤에 따라 붙는 글자는 의미부수를 뜻한답니다.

마찬가지로 글자 설명에서 '@聲(성)'자로 표기되는 글자는 聲(소리 성)의 앞에 오는 글자를 '소리부수로 삼는다'는 뜻이에요.

時(때 시)의 갑골문은 '从日, 从止'의 회의자로 해가 지나가는 하루를 24개로 나눈 한 시점'이어요. 소전에서 '从日, 寺聲'의 형성자가 되었어요. 日에 규칙적이고 모음이 같은 寺(사)를 음으로 삼았어요. '時局(시국)', '時間(시간)', '時節(시절)' 등으로 쓰여요.

入(들 입)은 밖이나 위에서 안으로 미는 모양, 동굴의 입구 등을 그린 상형자로 원뜻은 '들어가다'이지요. 점차 '참가', '가입', '합당하다'로 인신되었어요. '入山(입산)', '入口(입구)', '加入(가입)', '沒入(몰입)' 등에 쓰여요.

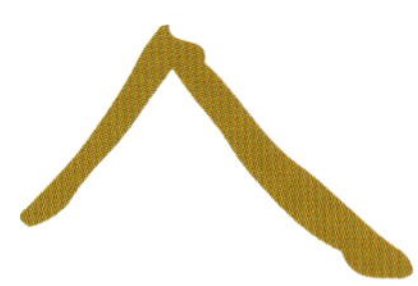

信(믿을 신)은 '从人 从言'의 회의자로 원뜻은 '믿음'이어요. 사람(人)에 대한 '믿음'은 그 사람의 말(言)에서 나오기 때문이지요. '양치기 소년'의 이야기가 말해주어요. '信念(신념)', '信仰(신앙)', '通信(통신)'에 쓰여요.

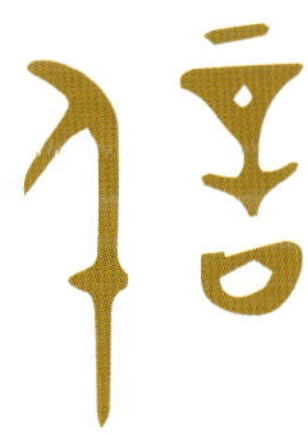

代(대신할 대)는 '从人, 弋聲'의 형성자로 원뜻은 '바꾸다'이지요. 점차 '대신하다', '교대하다', '교체하다'로 인신되어 '年代(연대)', '時代(시대)', '世代(세대)' 등에 쓰여요.

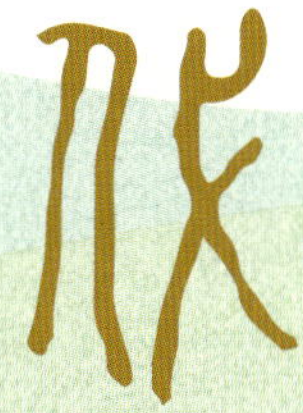

24

무너진 여리고 성

(여호수아 6)

정탐꾼이 무사하게 돌아온 뒤 하나님은 여호수아에게 말했어요.

"너희 모든 군사는 **성** 주위를 행진하며 돌아라. 제사장 일곱 사람도 나팔을 불며 돌아야한다. 하루에 한 바퀴를 돌고 일곱째 날에는 군사들이 성 주위를 일곱 번 돌아라." 여호수아는 하나님의 말씀을 따랐어요.

그들은 드디어 가나안 땅을 향해 떠났어요.

먼저 요단강을 건너야 했어요. 언약궤를 멘 사람들이 발을 내딛었을 때, 요단강이 멈췄어요. 걸어서 갈 수 있었어요.

하나님이 도와주시면 무엇이든지 할 수 있지요.

여리고는 아주 높고 단단한 벽으로 둘러싸여 있었어요. 하나님이 지시하신 말씀대로 제사장들은 여호와의 궤를 메고, 제사장 일곱은 나팔을 잡고, 여호수아와 군인들은 성을 한 바퀴 돌았어요. 모두 6일 동안 하루에 한 바퀴씩 성벽을 돌았어요.

일곱째 되는 날에 전날과 달리 일곱 바퀴를 돌았으니 성을 일곱 번 돌기는 그 날뿐이었어요.

그리고 나팔을 불고 **귀**가 터질 만큼 크게 소리를 질렀죠. 그랬더니 높고 튼튼한 성벽이 와르르 무너졌어요. 하나님이 하신 일이에요. 이스라엘 군대는 힘차게 달려가 성을 차지하였어요.

여호수아가 말하였어요.

"여호와께서 너희에게 이 성을 주셨느니라. 모든 것을 여호와께 바치되 라합과 그 집에서 동거하는 자는 모두 살려주라. 그가 우리의 사자를 집 **안**에 숨겨 주었느니라."

24

무너진 여리고 성

成	城	耳	內	外
成(이룰 성)	城(성곽 성)	耳(귀 이)	內(안 내)	外(밖 외)
	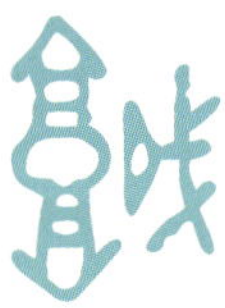			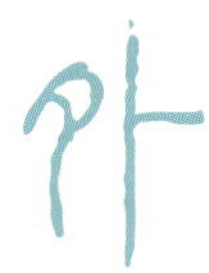

그림으로 물건을 한정 없이 그릴 수는 없었어요. 그린 글자 중 어떤 자는 획수가 많아 어려운 글자로 보여요. 두세 자를 합치면 더욱 어려워 보이지요. 그러나 글자를 나누어 분리해 보면 쉬운 자들이어요. 城(성)자를 나누어보면 土(토)와 成(성)이 되니 어려운 자는 아니지요.

成(이룰 성)은 '이루다'는 뜻으로 '성'이라 하였어요. 戊(창 무)에 成과 모음이 같은 丁(정)을 음표로 삼아 '이룰 成'자를 만들었어요. '成功(성공)', '成就(성취)'에 쓰여요.

城(성곽 성)은 여리고성이나 남한산성 같은 성이어요. 성은 흙으로 쌓아서 土를 넣고 자음이 같은 成을 음으로 하여 형성자 '城'을 만들었지요. 城門(성문), 城郭(성곽), 都城(도성)에 쓰여요.

耳(귀 이)는 귀 모양을 그렸어요. 형은 '耳'이고, 음은 '이'이며, 뜻인 훈은 '귀'이지요. 귀로 잘 들어야 총명하여 '총명 聰'자에 耳를 넣었어요. '耳目口鼻(이목구비)'에 쓰여요.

內(안 내)는 冂속에 人을 합하여 안으로 들어감을 표현하고 '내'로 발음 해요. '안쪽', '내부'라는 뜻으로 쓰여요. '內面(내면)', '內心(내심)', '內外(내외)'에 쓰여요.

外(밖 외)는 달月과 점卜을 합해 점 친지 한 달이 되었으니 '멀다'는 뜻을 주고 '외'라고 했어요. 점차 月은 夕으로 바뀌고, 먼 곳은 자기 구역 밖에 있어 '밖'으로 인신되었어요. '外國(외국)', '外家(외가)'에 쓰여요.

25

기드온의 군대

(사사기 6-8)

이스라엘 백성 중에는 아직도 하나님의 명령을 지키지 않는 사람이 많았어요. 그중에는 **밭** 갈며 농사짓기를 좋아하는 사람도 있었는데 이들은 다른 부족과 땅을 함께 써야 해서 자주 다툼이 일었어요. 그럴 때면 돌아와 하나님께 도움을 청했어요. 하나님은 기드온이라는 **농부**를 뽑아 그들을 돕게 하였어요.

"기드온아 내가 너에게 이스라엘을 구원할 능력을 주겠다." 기드온은 깜짝 놀랐어요.

"저는 대단한 사람이 못됩니다. 그러면 저에게 징표를 주셔요. 들판에 양털을 갖다 놓을 테니, 양털은 젖고 땅은 마르게 해주셔요."

다음날 양털은 젖고 땅바닥은 말라있었어요. 그래도 믿을 수 없었어요.

"이번에는 양털만 말라있고 땅만 젖게 해주셔요." 라고 기도하였어요. 다음 날도 역시 그렇게 되었어요. 기드온은 용기를 내어 하나님께

말했어요.

"말씀만 하셔요. 무엇이든 따르겠어요."

병사 모집에 3만 명이 지원을 했어요. 그러나 하나님은 단 300명의 군대로 싸울 수 있는 **방법**을 알려 주셨어요.

그날 밤, 기드온과 군사는 적군이 있는 곳을 에워쌌어요. 그들은 일제히 나팔을 불고, 기드온이 신호를 보내자 숨겨온 항아리를 깨뜨리며 활활 타는 횃불을 휘둘렀어요. 300개의 횃불이 빛을 내고, 300개의 나팔을 불자 적군은 어마어마한 군대가 오는 것으로 짐작하고 뿔뿔이 흩어졌어요. 하나님의 백성들은 크게 승리를 했어요.

25

기드온의 군대

田	辰	農	夫	法
田(밭 전)	辰(별 진)	農(농사 농)	夫(지아비 부)	法(법 법)

사람들이 많아지고 농사일이 바빠 큰 힘이 필요 했어요. 이제 여성의 힘으로는 사회를 이끌 수가 없었어요. 약 4천 년 전 부터는 농사를 지으며 강한 남성이 사회를 이끈 부계사회로 들어섰어요.

田(밭 전)은 가로 세로 밭도랑이 나있는 밭을 그린 모양이어요. 田은 글자 형이고, 음은 '전'이며 뜻, 즉 훈은 '밭'이어요. 田畓(전답)은 밭과 논을 말해요.

辰(별 진)은 대합조개에 손가락을 걸어 쓰던 '농기구'였어요. 이른 아침 농구인 辰을 들고 일을 하러 가 '이른 아침'이란 뜻이 있고, 그때면 새벽 별이 반짝여 辰을 '별'이라 하였어요. 때를 말하면 '신'으로 읽어요. '辰星(진성)', '生辰(생신)'에 쓰여요.

農(농사 농)은 밭(林)에서 농구(辰)로 벼이삭을 자르며 일하는 모습을 그려 농사 농(農)자를 만들었어요. '農夫(농부)', '農土(농토)'에 쓰여요.

夫(지아비 부)는 남자인 大의 머리에 획 하나를 그어 장가를 간 어른을 표시 했어요. 大자는 夫와 文(문), 央(앙)등을 만드는데 기초가 되는 뿌리글자이지요.

法(법 법)자는 거짓말 하는 자를 찾아 뿔로 받아버리는 고대 전설 속의 동물을 그린 회의자지요. 소전은 사람과 위가 평평한 물(水)을 넣었고, 다시 '공평하게 가라'고 '갈 去()'를 남겨 法자가 되었어요. '法道(법도)', '法律(법률)', '方法(방법)'에 쓰여요.

5 한자는 모두 몇 자나 될까요?

한자는 약 1만여 년 전에 태동하여 3,300년 전 상나라 후기에는 갑골문을 원활하게 사용하였어요. 왕조가 바뀌며 금문, 소전, 예서, 해서, 간화자 등 새로운 형체들로 변하며 그 수도 4만여 자로 늘어났어요.

*** 商(상)나라 약 1,000자**

그동안 발견된 16만 여 갑골조각에서 갑골문자 약 5천 자를 찾았고, 그중 1천여 자를 해독하여 갑골문자를 약 1,000 자로 잡아요.

*** 周(주)나라 약 2,500자**

周나라는 상대의 금문을 이어 춘추전국까지 약 800년 사용하였어요. 금문을 수록한 『金文編(금문편)』에는 부록의 자까지 합하여 약 2,500자가 수록되었어요.

*** 秦, 漢(진, 한)시대 약 10,000자**

秦 시황제는 문자를 정리하여 소전을 만들었고, 뒤이은 한나라 때 허신은 『설문해자』를 쓰며 소전 9,353자와 특이한 자들을 합해 1만 여 자를 풀이하였는데, 이들을 모두 540부수 속에 넣었어요.

*** 明(명)나라 약 33,000자**

명나라(1369~1644)의 매응조는 『자휘』를 쓰면서 한자 33,179 자를 수록하였어요. 이 책의 특징은 540부수를 214부수로 줄였어요.

*** 淸(청)나라 약 42,174자**

청나라(1644~1911)의 강희황제는 왕명으로 『康熙字典(강희자전)』을 제작하게 하였는데 한자 4만여 자를 수록하였고, 집집마다 상비하는 사전으로 보급시켰어요.

그러나, 이렇게 많은 한자를 다 익힐 필요는 없어요. 유명한 성현들이 남긴 책들은 얼마나 많은 글자를 사용하였을까요.
논어는 모두 13,700자인데 사용한 글자는 1,355자 이고.
맹자는 모두 35,000자인데 사용한 글자는 1,889자 이며,
노자는 모두 5,000자로 사용한 글자는 802자라고 해요.

중국에서는 일반교양서나 대학교재를 읽는데 3천 여 자를 알면 된다 하고, 일본에서는 중, 고교에서 약 2천자를 가르치고 한자를 모르면 대학가기가 어렵다고 하네요. 우리나라에서는 초중고에서 약 1,800 자를 익히도록 하였는데, 그것만 잘 배워도 논어, 맹자, 노자 등 고전을 충분히 읽을 수 있어요.

26

세상에서 제일 힘이 센 사람

(사사기 13-16)

이스라엘 백성들은 불레셋 사람들과 이웃하고 살게 되었는데 이들은 매번 이스라엘의 땅을 빼앗아 가며 괴롭혔어요. 이제는 정말 **힘**이 센 지도자가 필요한 것을 하나님은 아셨지요. 하나님은 삼손을 보내 그들을 돕게 하셨어요. 하나님이 그에게 맨손으로 사자와 싸워서도 이길 만큼 센 힘을 주셨어요. 삼손은 머리카락을 길러 일곱 가닥으로 땋았어요. 삼손은 블레셋 사람들이 쳐들어오는 족족 혼내 주었어요.

어느 날 삼손은 들릴라라는 아름다운 여자 **친구**를 만나게 되었어요. 그녀는 블레셋의 간첩이었어요. 불레셋은 들릴라에게 삼손의 힘이 어디서 나는지를 알아 오면 큰돈을 주겠다고 하였어요.

"삼손, 그 큰 힘이 어디서 나와요?" 예쁜 들릴라가 **물었**어요.

"머리카락에서 나와. 하나님이 자르지 말라고 하셨어."

삼손이 잠든 사이에 블레셋 사람들이 와서 머리카락을 잘라 버렸어요.

하나님은 삼손의 힘을 거두셔서 보통사람과 다름이 없어 졌어요.

"하나님, 용서해 주세요!" 삼손은 간절히 기도하였어요.

하나님의 귀에 그의 기도소리가 울렸어요. 하나님은 다시 그에게 힘을 주셨어요. 드디어 복수의 날이 왔어요. 블레셋 사람들은 잔치 날 힘 빠진 삼손을 불러내 웃음거리를 만들고 싶었어요. 건물에는 수많은 사람들이 모여 있었어요. 삼손은 큰 신전 기둥을 무너뜨려서 모여 있던 많은 블레셋 사람들을 죽였어요. 비록 삼손도 죽었지만 하나님의 백성들 **사이**에서 그는 언제나 영웅으로 칭송 받고 있어요.

26

세상에서 제일 힘이 센 사람

力	友	門	問	間
力(힘 력)	友(벗 우)	門(문 문)	問(물을 문)	間(사이 간)

고대에 여러 나라들은 서로 먹고 먹히는 싸움이 잦았어요. 싸움을 어떻게 표현 했을지 궁금하지요. 무시무시한 무기로 싸우는 모습을 그린 것은 아니었어요. 보이지 않은 힘은 또 어떻게 그렸을까요. 농사일 중에 가장 힘든 일은 무엇일지, 그 곳에 답이 있을것 같아요.

力(힘 력)은 밭가는 농구인 가래를 그렸어요. 밭갈 때 발판에 발을 올려 힘을 주며 힘들게 땅을 파요. 그 농구를 그려 '힘 力'자를 만들었어요.

友(벗 우)는 친구인데 어떻게 그렸을까요. 친구는 서로 손을 잡아요. 그래서 손모양인 又를 두 개 합하여 회의자 '벗 友'를 만들었고, '友情(우정)'에 써요.

門(문 문)은 대문 모양이어요. 문은 양쪽 기둥에 손으로 밀고 들어가는 여닫이 문을 그렸어요. 궁궐의 큰 문처럼 보이지요. 3천 년 전 갑골문의 문은 지금 우리가 쓰는 門과 꼭 같아요.

問(물을 문)은 '묻다'는 뜻으로 '문'이라 하였어요. 입으로 물어 '口'를 뽑고, 문과 음이 같은 門을 음표로 삼아 형성자 '물을 問'을 만들었어요.

間(사이 간)은 '사이'라는 뜻인데 문틈으로 달빛이 스미는 '从門 从月'의 회의자 '閒'예요. 閒이 점차 '한가하다'는 '한가할 閒으로' 가차되어 月을 日로 바꾸어 '사이 間'자를 다시 만들었지요. '間食(간식)', '間接(간접)', '時間(시간)', '人間(인간)' 등에 쓰여요. 새 말이 생겨도 문자만들기는 아주 쉬워졌어요.

27

나오미와 룻

(룻기 1-4)

나오미는 유대 땅 베들레헴 사람이었어요, 이곳에 큰 흉년이 들어 모압 땅으로 이주하였어요. 그런데 이곳에서 남편과 두 아들이 모두 죽었어요. 너무 큰 슬픔에 잠겨 있을 때 하나님이 베들레헴에 다시 은혜를 주셨다는 소식을 듣고 고향으로 돌아가기로 결심하고 두 며느리에게 말 했어요.

"너희는 아직 젊고 아름다우니 고향으로 돌아가 다시 결혼하여 살아라."

그러자 한 며느리는 고향으로 돌아갔고 룻이라는 며느리가 말했어요.

"저는 어머니와 함께 가겠어요. 어머니의 **민족**은 저의 민족이고, 어머니의 하나님은 저의 하나님이 되실 거에요."

룻은 어머니와 함께 베들레햄으로 왔어요. 그들은 너무나 가난했어요. 룻은 농부 보아스의 밭에서 **벼** 이삭을 주어다가 빵을 만들어 어

머니께 드렸어요. 보아스는 **효**성이 지극하고 정성스럽게 어머니를 모시는 룻을 눈여겨 보았어요.

자기 백성을 떠나 멀리 와 시어머니를 모시는 룻이 용감하고 마음씨 역시 고와 보아스는 룻을 좋아하게 되었어요. 룻은 시어머니 나오미의 축복 속에 보아스와 **결혼**을 하였고 아들을 낳아 오벳이라 이름 지었어요. 오벳의 아들은 이새이고, 이새의 아들은 바로 다윗 왕이랍니다.

27

나오미와 룻

族	禾	米	孝	結	婚
族 (겨레 족)	禾(벼 화)	米(쌀 미)	孝 (효도 효)	結 (맺을 결)	婚 (혼인할 혼)
				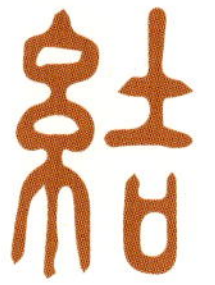	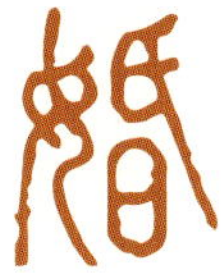

지금부터 4천 년 전 중국은 우임금이 세운 '하나라'였어요. 하나라는 중국 최초의 국가로 간주되지만 문자로 기록된 확실한 증거를 찾지 못해 신화시대의 베일을 벗지는 못했어요.

族(겨레 족)은 깃발(㫃)아래 화살(矢)을 모아 둔 '从㫃, 从矢의 회의자이고, 원뜻은 무기인 '화살 촉'이어요. 옛날에는 같은 씨족끼리 힘을 모아 싸움을 하여 점차 '種族(종족)', '民族(민족)', '家族(가족)'으로 인신되었어요.

禾(벼 화)는 벼가 익어 이삭이 늘어져 고개숙인 모양이고 벼를 '화'라 하였어요. 벼는 곡식중에서 가장 중요한 작물이고 '화'라는 음에는 '화합'하다는 뜻이 있어요.

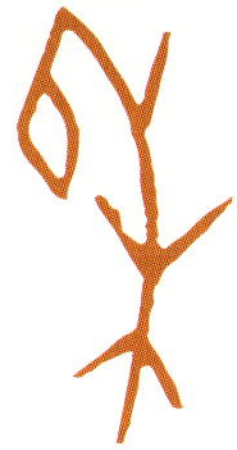

米(쌀 미)는 벼에서 떨어진 쌀알이 옹기종기 모여 있는 모양을 그렸어요. 쌀은 보리, 밀, 수수, 조 등 여러 곡식 중에 으뜸이 되는 곡식이어요.

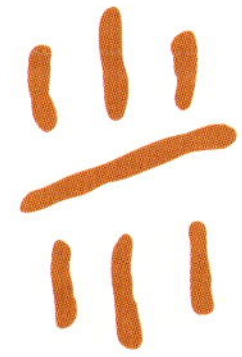

孝(효도 효)는 아이가 머리를 길게 늘어뜨린 노인을 부축하고 있는 모양이어요. 나이가 드신 할머니, 할아버지를 돌보아드리는 것이 바로 '효도'임을 알 수 있어요.

結(맺을 결)은 '맺다'로 '결'이라 했어요. 糸와 모음이 같은 吉을 음으로 합친 '从糸, 吉聲'의 형성자이지요. '끈으로 꽉 묶어 풀지 않음'을 나타냈어요. '結果(결과)', '結婚(결혼)'에 쓰여요.

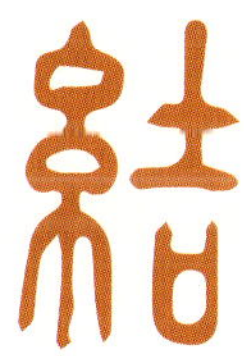

婚(혼인할 혼)은 '从女, 昏聲'의 형성자로 '시집가다'는 뜻이어요. 고대에는 해가 지는 황혼 무렵에 결혼을 하여 '어두울 昏'을 음으로 하였어요. '婚姻(혼인)', '婚事(혼사)', '婚禮(혼례)'에 쓰여요.

28

한나의 기도

(사무엘상 1-2)

엘가나에게는 한나와 브닌나라는 두 아내가 있었어요. 엘가나는 매년 실로라는 곳에서 제사를 드렸는데 제사를 드리는 날에는 재물을 브닌나와 그의 모든 子女에게 **나누어** 주었어요. 그리고 한나에게는 그들의 갑절을 주었어요. 한나를 사랑했기 때문이었어요.

그러나 한나에게는 자식을 주지 않으셨어요. 그 때문에 남편의 사랑을 받지 못한 브닌나는 자식이 없는 한나를 화나게 하였어요. 이런 일이 반복 되자 한나는 서러워 울고 먹지도 못 했어요.

한나는 마음이 괴로워서 여호와께 통곡하며 **기도**하였어요. 진정으로 하나님을 사랑하는 한나의 기도는 간절했어요.

"하나님, 주의 여종의 고통을 돌보시고 주의 여종에게 아들을 주신다면 그 아이가 평생 하나님을 섬기게 하겠어요."

엘리 제사장이 한나가 간절히 기도하는 모습을 보고 말했어요.

"이제 걱정 말고 **평안**히 내려가시오. 이스라엘의 하나님께서 반드

시 한나의 기도를 들어 주시기를 원하노라."

제사장 엘리가 말한 것처럼 한나가 아기를 잉태하여 아들을 낳았고 이름을 사무엘이라고 지었어요. 한나는 믿음 가운데 마음을 다해 사무엘을 길렀고, 젖을 떼고서는 약속대로 제사장 엘리에게로 보냈어요. 사무엘이 엘리와 살면서 하나님을 잘 섬기도록 한 것이지요.

하나님은 한나에게 아들과 딸을 더 주시는 은혜를 베푸셨고 해마다 사무엘을 볼 수 있는 기쁨도 누렸어요.

28

한나의 기도

刀	分	祈	壽	安
刀(칼 도)	分(나눌 분)	祈(빌 기)	壽(목숨 수)	安(평안할 안)
		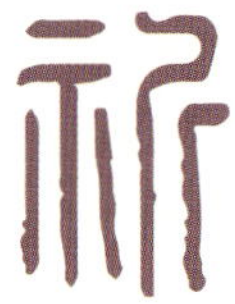		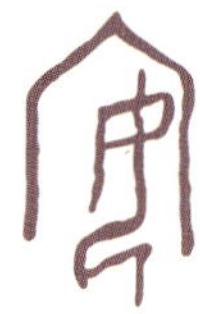

하나라가 망하고 상나라가 뒤를 이었어요. 상나라는 기원전 1600년에 개국하여 기원전 1046년까지 554년 동안 지탱하였어요. 상나라 유적지에서 당시 쓰던 갑골문이 발견되어 중국 최초의 국가로 인정받았어요. 우리가 풀이하는 뿌리 한자가 바로 갑골문이어요.

刀(칼 도)는 칼의 모양을 그린 칼이어요. 刀는 날이 한쪽만 있는 칼이고, 칼날이 양쪽에 있는 긴 칼은 검(劍)이라고 해요.

分(나눌 분)은 '나누다'는 뜻이어요. '칼(刀)로 분별하여 나누다(八)'는 뜻에서 八과 刀을 합친 회의자 '나눌 分'자를 만들었어요. '分析(분석)', '分明(분명)'에 쓰여요.

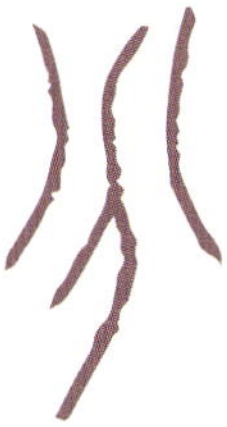

祈(빌 기)는 무기인 單과 깃발인 㫃(기)를 합한 자로 신께 '전승을 빌다'는 뜻이지요. '기원하다'도 '기'여서 㫃를 빌려 쓰다, 斤으로 바꾸고 '从示, 斤聲'의 형성자가 되었어요. '祈禱(기도)', '祈願(기원)', '祈求(기구)'에 쓰여요.

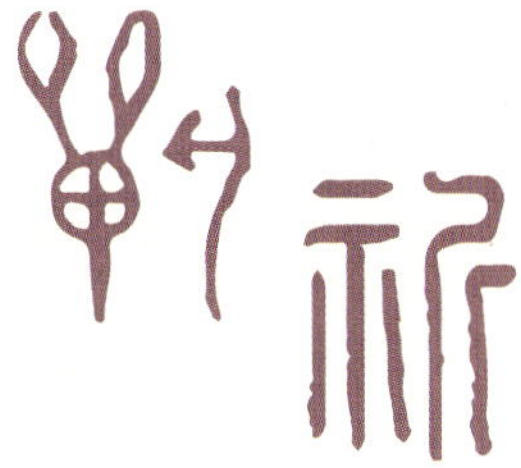

壽(목숨 수)는 사람의 목숨을 긴 밭두렁에 비유하고, 위에 수명이 긴 노인 '老'자를 합했어요. 壽의 획을 풀어보면 '士, 一, 工, 一, 口, 寸' 등 6자를 합한 회의자지요. '壽命(수명)', '壽福(수복)', '長壽(장수)' 등에 쓰여요.

安(평안할 안)은 '평안하다'로 여성(女)이 집안(宀)에 있는 모양이지요. 어머니가 늘 집안에 있으면 '평안(平安)'하고 '화평(和平)'하다는 뜻이어요.

29

사무엘아, 사무엘아

(사무엘상 3)

사무엘은 제사장 엘리와 함께 성막에서 살았어요. 다른 어린이들과는 달리 엄마 곁을 떠나 성전에서 산 것이지요. 사무엘은 열심히 성전에서 일했어요. 그리고 밤에는 언약궤 옆에서 잠을 잤어요.

어느 날, 잠을 자고 있는데 그를 부르는 소리가 들렸어요. 그는 일어나서 엘리 제사장에게 갔어요.

"제사장님, 부르셨어요?"

"아니, 부르지 않았다. 가서 자거라." 엘리 제사장은 잠결에 눈을 비비며 말했어요.

사무엘이 세 번째 달려오자 엘리 제사장은 하나님이 사무엘을 부르고 계심을 알아챘어요. 엘리가 가르쳐 주었어요.

"하나님이 너를 부르시나 보다. 다시 부르는 소리가 들리면 '네, 하나님' 하고 대답해라."

"사무엘아, 사무엘아!"

"네, 하나님. 듣고 있어요. 말씀하세요."

사무엘을 부르신 분은 바로 하나님이셨어요. 하나님은 사무엘에게 앞으로 일어날 일을 말씀하셨어요. 그때부터 사무엘은 하나님의 말씀을 **전**했고 그 말씀은 그대로 이루어졌어요. 사무엘은 오랫동안 이스라엘의 **선지자**요 지도자로 일 했어요.

29

사무엘아, 사무엘아

傳	先	知	者
傳(전할 전)	先(먼저 선)	知(알 지)	者(놈 자)

넓은 땅 이곳저곳에서 사람들이 그림으로 그려 쓰던 글자들을 모아보니 수천 자가 넘었어요. 상나라 왕실에서는 이들 갑골문으로 왕실의 여러 일과 나라의 문서도 기록하였어요. 나라의 문서는 어디에 기록하였을까요. 당시에는 종이가 없어서 龜甲(귀갑)이라는 거북이 뼈와 獸骨(수골)이라는 소 어깨뼈를 비롯한 동물뼈를 잘 다듬어 새겼어요. 이중 '甲과 骨' 두자를 취해 '갑골문'이라고 이름 지었어요.

傳(전할 전)은 '전하다'는 뜻으로 人과 專을 음으로 한 형성자에요. 專은 손으로 물레를 돌리는 모양으로 '돌리다'인데 실을 짤 때 전념해야 해서 '전념하라'로 인신되고, '전하다'는 傳자를 다시 만들었어요. '傳來(전래)', '傳統(전통)', '口傳(구전)'에 쓰여요.

先(먼저 선)은 '먼저'인데 앞서간 사람을 생각했어요. 그래서 사람(人) 위에 발(止)을 얹어 '먼저 先'자를 만들었지요. '先生(선생)님', '先輩(선배)', '先知者(선지자)' 등에 쓰여요.

知(알 지)는 '알다'는 뜻이고 '지'라했어요. 입(口)과 矢를 합했지요. 마음에서 깨달으면 화살(矢)처럼 빨리 입(口)으로 전달해야 해서요. 더우기 시(矢)는 지와 모음이 같아 음으로 삼았어요. '知識(지식)'에 쓰여요.

者(놈 자)는 黍(기장 서) 같은 곡식을 불에 삶는 모양으로 '삶다'는 뜻이어요. 삶은 음식이 맛있어 아래火가 '달 甘'이 되었어요. 점차 '이것', '이자', 저자' 하는 말로 쓰다 '놈 자'가 되었어요. '삶다'는 '삶을 煮'로 다시 만들었어요. '記者(기자)'에 쓰여요.

30

이스라엘의 첫 번째 왕

(사무엘상 11)

사무엘이 나이가 들어가자 이스라엘 백성들은 자기들을 다스릴 왕을 세워 달라고 졸랐어요.

"다른 나라처럼 우리도 왕을 세워 주셔요."

하나님은 왕을 세우면 **혹**시라도 겪게 될 괴로운 일들을 백성들에게 말해 주라고 하였어요. 예를 들면 '남자는 군대를 가야하고, 너희가 좋아하는 것들은 모두 왕이 차지할 것' 이라고 경고 하였지만 백성들은 듣지 않았어요.

하나님은 사무엘에게 왕을 세울 것을 허락하셨어요. 하나님은 사울을 사무엘에게 이끄시고 이 젊은이를 내 백성을 다스릴 왕 자리에 **서게** 하라고 하셨어요.

사무엘은 사울의 **머리**에 기름을 부어 그가 이스라엘의 **첫 번째** 왕이 되었고, 하나님께 순종하는 동안에 훌륭한 왕이었어요.

사무엘은 백성들을 모아 새 왕을 만나게 했어요. 사울은 어찌 할 바

를 몰라 짐 사이에 숨어 버려 잡아와 백성 앞에 세우고 말했어요.

"하나님이 택하신 사람이니 잘 보라. 이 같은 사람은 없다."

백성들은 '왕 만세'를 외쳤어요.

30

이스라엘의 첫 번째 왕

或(國)	立	首	甲
或(혹시 혹)	立(설 립)	首(머리 수)	甲(천간 첫째 갑)
	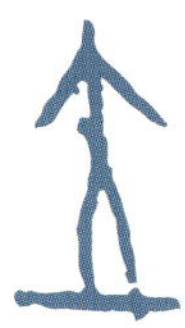		

한자에서 숫자는 '기수'와 '서수'가 있어요. 기수는 하나 둘 셋 처럼 숫자를 말하고, 서수는 첫째, 둘째 하는 차례와 순서를 세는 수예요. 기수인 一二, 三에서 十까지는 위에서 설명했고, 이제 서수를 알아 봐요.

或(혹시 혹)은 '나라'라는 뜻의 '국'이었어요. 무기(戈)와 내 땅(口)을 합한 '或(국)'을 만들었지요. '혹시'라는 말은 '혹'인데 그릴 수 없어 모음이 같은 或(국)을 빌려가 '혹시 혹'이 되었어요. 나라는 國자를 다시 만들었지요.

立(설 립)은 사람(大)이 땅 위에 서 있는 모양이지요. 땅을 '一'처럼 한 획으로 그려 그 위에 두 발로 당당히 '서 있음'을 표현하였어요. '立志(입지)', '立春(입춘)', '獨立(독립)'에 쓰여요.

首(머리 수)는 머리털이 난 머리를 그린 상형자로 '머리'이지요. 점차 머리털과 눈만 남겼고, 머리는 중요한 부위여서 '첫머리', '으뜸'으로 인신되었어요. 머리는 다시 '머리 頭'를 만들었어요. '首席(수석)', '首都(수도)', '首相(수상)', '首長(수장)'에 쓰여요.

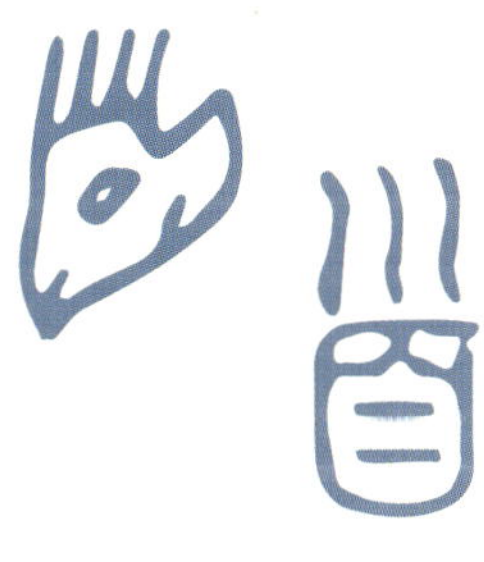

甲(천간 첫째 갑)은 十으로 벌어진 열매껍질, 투구모양의 상형자예요. 상대 조상 上甲이름으로 쓰였는데 너무 훌륭해 ⊞상자 속에 넣었다가 가운데 획을 쭉 내려 甲이 되었어요. 천간의 첫째로 빌려써 '甲乙'에 쓰여요.

한자에 대한 재미있는 이야기

6 한국 사람들은 언제부터 한자를 썼을까요?

우리는 언제부터 한자를 쓰기 시작했을까요? 기록에 근거하여 한자가 우리나라에 유입된 자취를 살펴보아요.

* 箕子朝鮮(기자조선) - B.C.1046년 상나라 마지막 왕 紂王(촌왕)의 삼촌 箕子(기자)가 고조선으로 망명해 옴
* 衛滿朝鮮(위만조선) - B.C.195년 한나라 위만이 고조선으로 도망 옴
* 漢四郡(한사군) - B.C. 108년 고조선에 한사군 설치 후 한자 대량 유입됨.
* 百濟(백제) - B.C.18년 개국한 백제는 A.D.285년 고이왕 때에 왕인이 논어, 천자문을 일본에 전함.
* 新羅(신라) - B.C.59년 개국한 신라는 A.D.503년 한자사용을 공식화하고, 536년 불교를 승인하여 많은 불경이 들어옴.
* 高句麗(고구려) - B.C. 38년 개국한 고구려도 A.D. 550년 태학에서 한자교육을 실시하였음.
* 朝鮮(조선) - 1446년 세종대왕의 한글 반포.

이로 보면 우리나라의 한자 사용은 1500년이 넘어요. 상나라가 주나라에 망하자 紂王(주왕)의 삼촌인 箕子(기자)는 주나라에 굴복하지 않고 조선으로 망명하였어요. 한나라 때 위만은 죄를 지어 조선으로 도망왔다고 해요. 고조선에 한사군이 설치된 후 한자가 많이 유입되었지요. 한자가 많이 쓰인 후로 우리 조상들은 말은 우리말로 하고

저술이나 문서는 한자로 기록하였어요. 그 결과 수많은 귀한 책을 저술하여 후손들에게 자랑스러운 문화유산을 안겨 주었어요.

1446년 세종대왕이 한글을 반포하셨고, 그 후에도 일반 소통은 한글로 하였지만 저술이나 공문서는 여전히 한자로 기록하여 우리의 고대 지적 자산이 거의 한자로 이루어졌어요. 우리나라의 명절은 물론 立春(입춘), 春分(춘분), 秋分(추분) 하는 절기 이름도 한자로 쓰니, 한자는 이제 우리 것, 남의 것 따질 필요 없이 쓰는 세계 공동의 문화유산이지요. 우리는 날마다 양복에 구두를 신고 학교나 직장으로 가는데, 이들 신문화가 한국에 들어 온지는 겨우 100년 정도이지만 누구 한사람 남의 것을 입거나 신는다는 생각은 하지 않지요.

한글은 자음 14자와 모음 10자로 무엇이든 표현할 수 있는 훌륭한 소리글이지요. 세계 27개 나라가 참가한 '세계문자대회'에서 2회 연속 한글이 최우수 문자로 선정된 건 다 알고 있는 사실이지요. 다만 한글은 단어를 만들거나, 음이 같으면 뜻 구별이 어려운 단점이 있지요. 한자는 글자마다 뜻이 있는 뜻글자여서 많은 소리를 표현하기는 어렵지만 단어를 만들기는 아주 쉬워요. 말을 표현하기 쉬운 '한글'과 뜻을 표현하기 쉬운 '한자'를 함께 쓰는 우리는 아주 편리하고 멋진 언어문자 생활을 하고 있어요.

31

양치기 소년 다윗

(사무엘상 16)

사울은 20여 년 동안 왕으로 지냈어요. 시간이 흐르면서 고집 센 사람으로 변해 하나님의 말씀을 어기므로 하나님의 영이 그를 떠났어요. 하나님은 사무엘을 이새의 **집**으로 보냈어요. 이새의 아들 중 한명을 왕으로 삼고 싶다고 하시며

"당신의 아들들을 만나보고 싶소."

사무엘은 이새의 아들 일곱을 보았으나, **남자**답고 잘생기거나 키 큰 것도 보지 않고 마음을 보신다는 하나님은 누구도 뽑지 않았어요.

"아들이 더 있소?"

"예, 다윗인데 지금 양을 치러 나갔어요."

사무엘은 이새에게 양떼를 돌보는 **목동**인 막내아들을 불러오라고 했어요. 다윗이 오자마자 하나님이 즉시 말씀하셨어요.

"바로 이 아이다. 내가 그를 왕으로 삼겠다."

사무엘은 다윗의 머리 위에 기름을 부었어요. 그러자 주님의 영이 다윗에게 들어가 하나님의 능력이 넘치게 되었어요.

31

양치기 소년 다윗

豕	家	男	牧	童
豕(돼지 시)	家(집 가)	男(남자 남)	牧(칠 목)	童(아이 동)

상나라가 망하고 왕실이 있던 '은허'라는 곳은 지하에 묻히고 말았어요. 수많은 갑골문도 지하에 매몰되었지요. 그러나 3천여년이 지난 1899년 갑골문이 발견되어 다시 세상에 알려지게 되었어요.

豕(돼지 시)는 살찐 돼지 모양의 상형자이지요. 돼지는 豚(돈)이라 하고 돼지고기는 '돈육'이지요. 豚(돈)은 豕(시)를 뿌리 삼아 만든 글자예요.

家(집 가)는 집안(宀)에 돼지(豕)가 있는 모양이어요. 집집마다 기르는 돼지는 번식력이 강해 살림에 도움을 주었지요. 가(家)는 글말로 '가정(家庭)', '가문(家門)' 등에 쓰고, 입말로는 '집', '집들이' 등으로 써요.

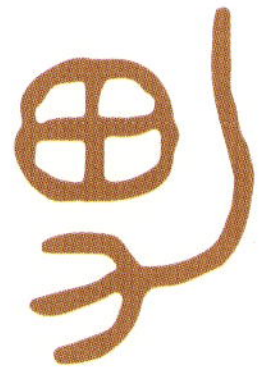

男(남자 남)은 밭(田)과 농기구인 力을 합친 '从田, 从力'의 회의자이지요. 원뜻은 '농사를 짓다'인데 상대에 힘을 써 농사를 짓는 사람은 남자여서 '남자 男'으로 인신 되었어요. '男女(남녀)', '男兒(남아)', '男子(남자)'에 쓰여요.

牧(칠 목)은 손에 채찍(攴)을 들고 소(牛)와 양(羊)을 치는 모습을 그린 회의자여요. 사람을 기르면 母(모), 소나 양을 치면 牧(목)으로 옛날 음은 같았어요. '牧童(목동)', '牧場(목장)', '牧畜(목축)', '放牧(방목)'에 쓰여요.

童(아이 동)은 무기(辛)에 눈(目)을 찔린 노예로, '동'이라 불렀어요. 辛과, 目을 합하고 東을 음으로 하여 '童'이 되었어요. 눈을 다친 노예 童의 행동이 우둔하여 '아이'로 가차되어 '아이 童'이 되었지요. '童心(동심)', '童話(동화)', '兒童(아동)', '神童(신동)'에 쓰여요.

32

다윗과 골리앗

(사무엘상 17)

하나님이 도우시는 사울왕의 군대는 침략을 일삼는 블레셋의 군대와 전쟁을 하고 있어요. 블레셋의 **거인** 골리앗이 고래고래 소리를 질렀어요.

"너희들은 모두 겁쟁이구나! 너희의 최고 장수는 누구냐? 나와 겨루자, 하하하~."

빵과 음식을 가지고 싸움터에 있는 형들에게 주려고 근처에 온 다윗이 이 소리를 듣고 너무나 화가 났어요. 가짜 신을 믿는 블레셋 **군**이 높으신 하나님의 군대를 무시하다니요? 다윗은 왕에게 자기가 가서 싸우겠다고 말했어요.

사울은 깜짝 놀랐어요.

"넌 아직 너무 어리다."

"하나님이 저를 저 거인에게서 구해 주실 거예요."

사울은 자기의 **갑옷**과 투구를 벗어 주었어요. 다윗은 모든 것을 두고 시냇가에서 돌 다섯 개를 주워 주머니에 넣고, 목동의 지팡이와 물매를 손에 들고 싸우러 나갔어요.

골리앗이 다윗을 보고 비웃었어요.

"푸하하하! 이스라엘의 꼬마야 지팡이로 나를 치려느냐?" 하지만 다윗은 겁먹지 않았어요.

"너는 칼과 **창**을 가지고 왔지만 나는 온 세상을 다스리는 하나님의 이름을 가지고 나왔다!"

다윗은 물매에 돌을 넣어 힘차게 돌리다가 골리앗을 향해 던졌어요. 골리앗은 이마를 맞고 '쿵' 하고 모두가 보는데서 쓰러져 숨을 거두었어요. 블레셋 군대는 모두 뿔뿔이 도망을 갔어요.

하나님이 도와 주셨기 때문에 이스라엘이 이겼어요.

32

다윗과 골리앗

巨	軍	介	戈	乙
巨(클 거)	軍(군사 군)	介(끼일 개)	戈(창 과)	乙(천간 둘째 을, 새 을)

은허에서 갑골문이 새겨진 조각이 16만 편이나 출토되었어요. 그중 5천 여자의 갑골문을 찾았고 1천여 자를 풀이하였어요. 갑골문은 20세기 최대 발견이라고 해요. 갑골문이 발견된 은허는 세계문화 유산으로 추대되었어요.

巨(클 거)는 90도로 꺾인 ㄱ자 모양의 자여요. 처음 글자는 사람이 자를 사용하는 모양인데 점차 사람과 巨를 분리했고 巨는 '크다', '위대하다'는 의미로 쓰였어요. '巨人(거인)', '巨木(거목)'에 쓰여요.

軍(군사 군)은 군인으로 '군'이라 하는데 글자가 필요하여 군인들이 타는 車에 자음이 같은 匀(두루 균)을 음으로 형성자 軍을 만들지요. 匀은 점차 冖으로 바뀌어 軍이 되었어요. '軍人(군인)', '軍隊(군대)', '我軍(아군)', '敵軍(적군)'에 쓰여요.

介(끼일 개)는 사람의 몸 앞뒤에 갑옷 조각을 붙인 모양으로 갑옷을 나타냈어요. 사람이 조각 사이에 낀 것처럼 보여 '끼다'는 뜻으로 인신되었지요. '介入(개입)', '紹介(소개)' 등에 써요.

戈(창 과)는 손잡이가 긴 금속성의 무기였어요. 그림이 글자로 변하면서 戈가 되어 원래모습이 사라지고 무기의 총칭으로 쓰였어요.

乙 (천간 둘째 을, 새 을)은 칼 모양, 돋아나는 풀 모양 등으로 풀이해요. 점차 甲처럼 시간이나 차례를 세는 천간의 둘째자리로 빌려 썼고 '甲乙(갑을)', '을축(乙丑)'에 쓰여요.

33

다윗과 요나단의 우정

(사무엘상 20)

이스라엘 백성들은 다윗을 영웅으로 추앙하며 사랑했어요, 사울은 기분이 나빴지만 가끔 다윗의 수금연주를 들으면 기분이 좋아졌어요. 그래서 사울은 자주 다윗을 왕궁으로 불렀어요. 사울에게는 아들 요나단과 딸 미가가 있었어요. 요나단과 다윗은 다윗이 골리앗을 무찌르고 나오는 길목에서 마주쳤을 때 단번에 서로 좋아하는 친구가 될 수 있음을 알아보았어요. 나중에 다윗은 미가와 결혼해 사울의 사위가 되었어요.

그러나, 사울왕은 다윗이 왕보다 더 큰 용사라는 말이 퍼지자 다윗을 죽이려고 했어요. 요나단은 다윗의 목숨이 **위험**함을 알고 다윗에게 **약속**했어요. 만약 아버지로 인해 다윗이 위험에 처하게 되면 먼저 알려주겠다 말했어요. 실제로 많은 위험 속에서도 요나단은 다윗의 피할 길을 알려주어 친구로서 의리와 약속을 지켰어요.

훗날 사울이 죽고 요나단도 죽었어요. 다윗이 왕이 된 후 다윗은 전

쟁 통에 살아남은 요나단의 식구를 찾았어요. 다행스럽게도 요나단의 두 다리를 저는 아들 므비보셋이 살아 있었어요. 므비보셋은 두 다리를 절었으나 다윗은 그를 왕궁에 데리고 와 자기 아들처럼 돌보며 궁에서 살게 했어요.

다윗도 **자신**을 도와준 요나단의 사랑을 생각하며 친구와의 우정을 끝까지 지켰어요.

33

다윗과 요나단의 우정

危	險	約	束	自	身
危 (위태할 위)	險 (험할 험)	約 (묶을 약)	束 (묶을 속)	自 (스스로 자)	身(몸 신)

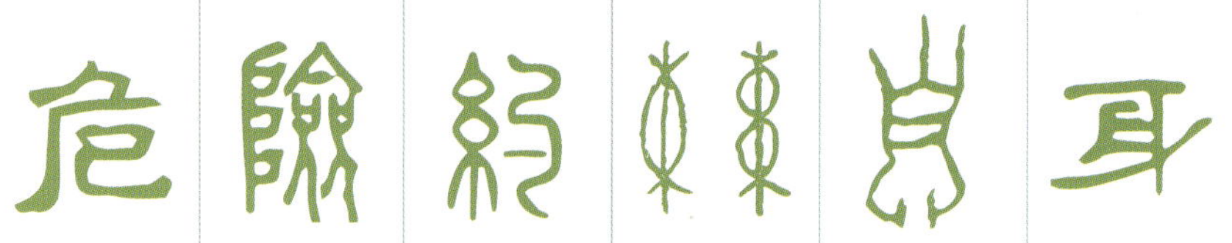

갑골문에는 3,300년 전 왕들이 했던 일, 농작물의 재배, 사람들의 생활, 기상변화, 학교의 교육 등 모든 일이 기록되어 있었어요. 그래서 갑골문은 고대 사회 연구에 가장 중요한 자료가 되고 있어요.

危(위태할 위)는 처럼 아래가 뾰족하여 넘어지기 쉬운 물통을 그려 '위태롭다'는 의미로 썼어요. 점차 사람(人)이 언덕(厂)아래 꿇어 앉아( ) 있는 모양인 危로 바뀌었어요. '危急(위급)', '危機(위기)'에 쓰여요.

險(험할 험)은 '위험을 당하다'로 '从阜, 僉聲'의 형성자예요. 산이나 언덕에 막히면 위험하니 阜를 쓰고, 모음이 같고 '불만을 토로하다'는 僉(다 첨)을 음으로 하였어요. '險路(험로)', '冒險(모험)', '保險(보험)'에 쓰여요.

約(묶을 약)은 '끈으로 매다'는 뜻이고 '약'이라 하여, 끈(糸)에 약과 모음이 같은 勺(작)을 음으로 한 형성자를 만들었지요. '約分(약분)', '節約(절약)'에 쓰여요.

束(묶을 속)은 '나무를 끈으로 묶은 모양'으로 '묶다'는 뜻이어요. 그래서 '약속'은 장래의 일을 상대방과 미리 정해 '묶어둠'을 말해요. '約束(약속)'에 쓰여요.

自(스스로 자)는 사람의 '코 모양'이어요. 중국인들은 자신을 칭할 때 코를 가리켜 自를 '나 자신'으로 썼어요. 코는 '비'라 하여 自에 畀(비)를 음으로 한 '코 鼻'자를 만들었어요. '自己(자기)', '自身(자신)', '自立(자립)'에 쓰여요.

身(몸 신)은 사람의 몸을 그린 상형자인데 人(亻)과 구별하기 위해 배를 불룩하게 아기를 밴 모양으로 표현하였어요. 진나라 때의 소전에서 점차 身 모양이 되었어요. '心身(심신)', '全身(전신)', '身分(신분)' 등에 쓰여요.

34

다윗 왕

(사무엘하 2, 시편 23)

사울이 죽자, 다윗이 이스라엘의 왕이 되었어요. 다윗은 예루살렘을 **새로운** 도읍으로 정하고 궁전을 지었으며 하나님의 궤를 옮겨 왔어요. 백성들은 기쁨의 함성을 질렀고 다윗왕도 **춤**을 추었어요.

다윗왕은 평생 하나님을 잊지 않았어요. 그 중에는 하나님의 도움을 구하는 노래, 하나님께 감사하는 노래도 있었어요. 다윗의 노래모음을 '**시**편'이라고 해요. 이런 노래가 있어요.

"하나님은 나의 목자시니 내게 부족함이 없으리로다.
주는 나를 푸른 풀밭에 쉬게 하시며
잔잔한 물가로 나를 인도하시네."

어느 날 다윗은 예언자 나단에게 말했어요.

"나는 하나님을 위한 성전을 짓고 싶소."

그날 밤 하나님은 나단에게 말씀하셨어요.

"네 아들이 성전을 지을 것이라고 다윗에게 말해 주라."

나단은 다윗에게 하나님의 말씀을 전해주었어요.

다윗은 예언자가 전하는 하나님의 말씀을 듣고, 성막에 들어가 하나님을 찬양하였어요.

"주님, 주님은 이스라엘을 위해 큰 기적을 베풀어 주셨어요.

부디 저의 가문을 영원히 축복해 주셔요."

34

다윗 왕

辛	新	無	舞	詩
辛(매울 신)	新(새로울 신)	無(없을 무)	舞(춤출 무)	詩(시 시)

상나라 왕들은 죽은 뒤 공덕에 따라 두 자로 된 이름을 받아요. 둘째자는 꼭 甲, 乙, 丙, 丁 등 天干(천간) 10자가 쓰였어요. 처음 왕인 天乙(천을), 갑골문을 완성시킨 武丁(무정), 마지막 왕 帝辛(제신) 등 30명의 이름을 볼 때 丁, 甲, 乙이 많고 庚, 辛(경, 신)으로 이어졌어요.

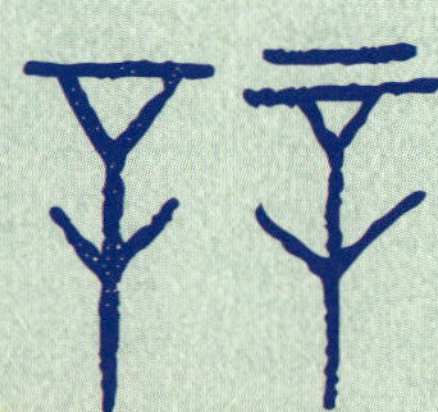

辛(매울 신)은 죄인에게 문신을 하는 칼을 그린 상형자에요. 칼로 찌르니까 무서워 '매울 辛'이 되었어요. 또 天干으로 빌려써 '辛未(신미)'처럼 해를 세는 단위로 쓰여요.

新(새로울 신)은 나무를 斤(도끼)로 치는 모양으로 나무로 받는 '월급'이었고 '신'이라 하여 辛을 음을 삼았어요. 옛날에는 나무로 월급을 받았는데 나무는 베고 베도 또 새가지가 나와 '새롭다'로 인신 되었어요. '新正(신정)', '新聞(신문)', '最新(최신)'에 쓰여요.

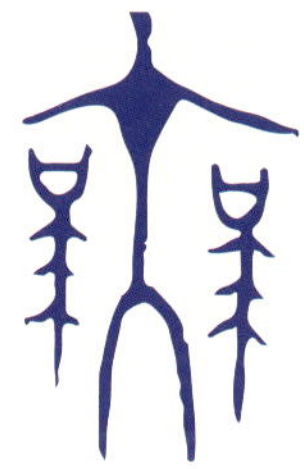

無(舞)(없을 무)는 사람이 채를 들고 춤추는 모양의 상형자로 '無'였어요. '없다'는 말도 '무'인데 그릴 수 없어 無를 빌려가 '없을 無'가 되었지요. 춤은 無자에 '어그러질 舛'을 넣은 '춤출 舞'자를 만들었어요. '無力(무력)', '有無(유무)'에 쓰여요.

詩(시 시)는 从言, 寺聲의 형성자로 원뜻은 '마음의 뜻'이지요. 詩는 마음의 뜻을 말로 읊어 言에, '바르다'는 뜻이 있고 음이 같은 寺를 음으로 삼았어요. '詩人(시인)', '詩集(시집)'에 쓰여요.

정몽주는 '丹心歌'로 이방원이 한편이 되자고 보낸 '何如歌(하여가)'에 답하며 '자기 절개와 뜻'을 전했어요.

'이 몸이 죽고 죽어 일백 번 고쳐죽어
백골이 진토 되어 넋이라도 있고 없고
임 향한 일편단심 가실 줄이 있으랴.'

35

지혜의 왕 솔로몬

(열왕기상 3-4)

다윗이 죽기 전 아들 솔로몬에게 말했어요.

"하나님께 순종하여라. 그러면 네가 하는 모든 일이 잘 될 것이다."

솔로몬은 아버지의 지시대로 하나님께 순종하였어요. 솔로몬은 왕이 되고 나서 하나님께 감사의 제사를 드렸어요. 제사를 드리고 나서 솔로몬은 잠이 들었는데, 하나님께서 꿈에서 나타나 말씀하셨어요.

"내가 너에게 무엇을 줄까? **받고** 싶은 것을 이야기해 보아라."

하나님은 무엇이든지 다 주실 수 있는 분이신데 솔로몬이 무엇을 달라고 했을까요? 솔로몬은 그 때 겨우 스무 살 남짓한 나이였으나 앞으로 많은 일을 결정해야 함을 알았어요. 그는 이렇게 말했어요.

"하나님, 저에게 백성들을 잘 다스릴 수 있도록 **지혜**와 총명을 주세요."

하나님은 솔로몬 왕의 대답을 듣고 기뻐하며 말했어요..

"지혜도 주고 **부**와 명예도 주겠다."

하루는 두 여자가 솔로몬 왕을 찾았어요, 한 여자는 아이를 안고 있었는데 두 여자가 모두 그 아이가 자기의 아이라고 우겼어요. 누가 이 아이의 진짜 엄마일까 솔로몬은 방법을 생각했어요.

"아이를 **반**으로 잘라 양쪽이 반반씩 갖도록 하라."

그러자 한 여자는 좋다하고, 다른 여자는 이 아이를 저 여자에게 주더라도 아이를 죽이지는 말라고 하였어요. 솔로몬은 이 여자가 진짜 엄마인것을 알았어요. 이 이야기를 듣고 백성들은 자기들의 왕이 세상에서 제일 지혜롭다는 것을 알았어요. 솔로몬은 온 세상에 가장 지혜로운 왕으로 높임을 받았어요.

35

지혜의 왕 솔로몬

受	智	干	富	半
受(받을 수)	智(슬기 지)	干(방패 간)	富(넉넉할 부)	半(반 반)

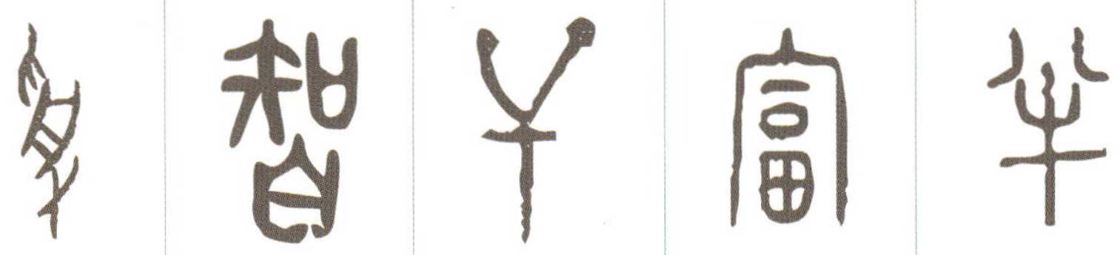

차례를 세는 서수로는 '천간'과 '지지'가 있어요. 天干은 '甲, 乙, 丙, 丁, 戊, 己, 庚, 辛, 壬, 癸(갑, 을, 병, 정, 무, 기, 경, 신, 임, 계)' 10자를 말해요. 고대에는 10을 중시하여 10을 가장 완전한 숫자로 여겼어요.

受(받을 수)는 물건을 위아래에서 손으로 주고 받는 모양을 그려 '주다', '받다'로 썼어요. 점차 '주다'는 손을 더한 授(수)를 만들고, 受는 '받다'로만 썼어요.

智(슬기 지)는 사리에 밝고(日) 모르는 것이 없는 사람을 말하여, 日에 知를 음으로 합한 형성자를 만들었어요. 智는 지혜, 총명, 슬기로움을 뜻해요.

干(방패 간)은 사냥 갈 때 쓰던 갈라진 장대모양(干)이어요. 점차 돌을 매달아 강한 무기로 만들어 방패로 삼았어요. '干支(간지)', '若干(약간)'에 쓰여요.

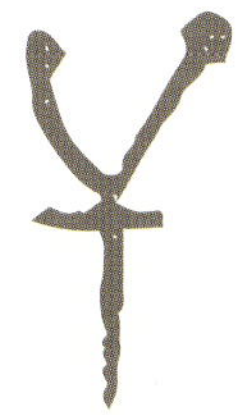

富(넉넉할 부)는 집안에 술병(酉)이 있는 '从宀, 畐聲'의 형성자로 원뜻은 '준비되다'여요. 제사에 손님 접대할 술이 준비되었으니 흡족하여 '富'가 넉넉하다로 인신되어요. 酉가 畐(가득할 복)으로 바뀌었고 '富裕(부유)', '富者(부자)'에 쓰여요.

半(반 반)은 어떤 물건을 반으로 나눔을 뜻하는 '从牛, 从八'의 회의자지요. 옛날 가장 귀한 것은 소여서 소(牛)를 반으로 '나누다(八)'는 것으로 '반'을 뜻했어요. '半島(반도)', '前半(전반)', '後半(후반)'에 쓰여요.

한자에 대한 재미있는 이야기

7 우리가 사용하는 한자어는 얼마나 될까요?

우리가 매일 말하고 쓰는 우리말에는 많은 한자어가 들어 있어요. 그것은 우리말이 발달하고 생활에 필요한 단어들이 만들어 질 때 참고로 삼았던 책들에는 『논어』나 『맹자』를 비롯한 중국 경전들이 많이 포함되었어요.

순수한 우리말로는 단어 만들기가 불편해 짧게 요약이 되는 한자어를 많이 쓰게 되었지요. 우리말에 한자어가 얼마나 포함 되었나에 대하여는 80%, 85% 등 여러가지로 말하나 정확하게 통계를 내기는 어려워요. 우리가 흔히 쓰는 말을 통해 실제로 한번 살펴봐요.

* 學校(학교)에서 先生(선생)님이 學生(학생)들에게 冊(책)과 鉛筆(연필)을 주셨다.

이 문장은 6개 단어로 엮었는데 동사를 뺀 5개가 한자어이니, 83%이지요.

* 教會(교회)에서 牧師(목사)님의 說教 後(설교 후) 親舊(친구)들과 映畫(영화)를 鑑賞(감상)했다.

이 문장은 7개 단어를 엮었는데 토씨와 동사를 뺀 모두가 한자어이니, 100%이지요.

위의 두 문장으로 분석하면 13개 단어로 된 두 문장에 12개 단어가 한자어니 두 문장에서 한자어의 비율은 거의 92%이네요. 우리말에서 명사로 쓰이는 단어는 전부가 한자어이고 '했다'는 동사와 토씨만을 우리말로 쓰고 있는 셈이지요. 일반 생활 언어는 물론이고 문서 작성이나 이론을 전개하는 문장에서 한자어 비율은 더욱 높아져요. 우리말에서 서방에서 들어온 외래어의 침투 또한 적지 않지요.

* 피아노, 바이올린 레슨 후 슈퍼에서 아이스크림과 피자를 먹었다.

이 문장은 7단어인데 6단어가 영어 외래어로 비율은 85%이지요.

토씨와 접속사인 '… 과', '먹었다'는 동사만 우리말이네요.

이들 영어외래어는 이미 우리말화되어 누구도 외래어라고 생각하지 않고 쓰고 있는 실정이지요. 그러니 그보다 1,500년이나 앞서 사용해오고 있는 한자어는 더 말할 나위 없겠지요.

36

솔로몬 왕의 성전

(열왕기상 4-8)

솔로몬은 왕이 된지 4년쯤 후에 예루살렘에 큰 성전을 짓기 시작했어요. 하나님께 예배를 드리는 곳이니 가장 좋은 나무로, 가장 좋은 돌로, 가장 훌륭하고 유명한 기술자를 불렀어요. 성전 바깥은 돌로 쌓고, 안은 백향목과 **소나무**로 두르고, 금과 보석으로 꾸몄어요.

솔로몬은 기술자들에게 말했어요.

"하나님을 위해 아름답고 훌륭한 성전을 만들어주시오."

이 성전을 만드는데 7년이나 걸렸어요. 건물이 완성되자 십계명이 들어있는 거룩한 상자를 주님의 성막에서 가져왔어요. 그리고 특별한 방의 금 제단 위에 놓았어요. 그랬더니 갑자기 구름이 방안에 가득하였어요. 하나님의 **영광**이 구름 속에 있었어요.

사람들은 성전에 모여서 기도하고 찬양했어요. 솔로몬은 외쳤어요.

"이스라엘의 하나님, 하늘과 **땅**에 주님과 같은 신은 없습니다."

모든 사람들은 완성된 성전을 보고 기뻐하며 잔치를 벌였어요.

하나님이 다윗에게 "네 아들이 내 이름을 위해서 **성**전을 지을 것이라"고 했던 말씀이 이루어진 것이에요.

36

솔로몬 왕의 성전

松	榮	光	地	聖
松(소나무 송)	榮(영화 영)	光(빛 광)	地(땅 지)	聖 (성스러울 성)

고대에는 천문학이 발달하여 한 달이 30일인 줄 알았어요. '天干' 10자로 날짜를 세서 甲日(갑일), 乙日(을일), 丙日(병일)하고 3차례 지나면 한 달이지요. 甲은 '제일 첫째'여서, 수, 우, 미 이전에는 성적표를 갑, 을, 병으로 매겼어요.

松(소나무 송)은 '소나무'지요. 아주 옛날 글자를 처음 만들 때는 모든 나무를 木이라 했어요. 점차 나무의 이름이 생겨 소나무를 '송'이라 부르자 송과 모음이 같은 公을 음으로 형성자 松을 만들었어요.

榮(영화 영)은 나무에 꽃이 만발한 모양의 상형자로 원뜻은 '꽃봉오리'예요. 점차 만발한 꽃을 보고 '번영', '광영'으로 끌어 썼어요. 아래가 木으로 변했고 형성자가 되었어요. '榮光(영광)', '榮華(영화)', '繁英(번영)'에 쓰여요.

光(빛 광)은 사람이 그릇에 불(火)을 담아 이고 꿇어앉아() 있는 모양의 상형자여요. 등이 없어 저녁에 사람이 불을 이고 주위를 밝혔던 생활모습을 문자로 만들었어요. '光景(광경)', '光臨(광림)', '光明(광명)', '風光(풍광)' 등에 쓰여요.

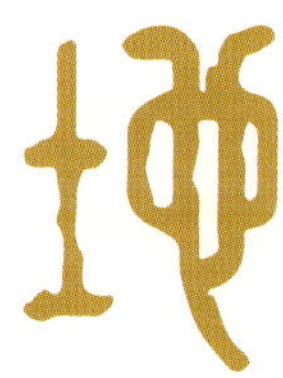

地(땅 지)는 땅이고 '지'라고 불렀어요. 土가 땅이었으나 '땅의 신'으로 쓰였어요. 땅은 흙이어서 土를 뽑고, 뱀 또는 여자라는 뜻이 있는 '也'를 합쳐 地'자를 다시 만들었어요. '地上(지상)', '天地(천지)', '地圖(지도)'에 쓰여요.

聖(성스러울 성)은 사람(人)이 서서 귀(耳)로 듣고 남에게 알리(口)는 모양의 회의자이지요. 하늘의 조짐을 듣고 사람에게 알려 재앙을 막는 자가 '성인'이었어요. 점차 耳와 呈을 음으로 한 형성자로 바뀌었어요. '聖經(성경)', '聖者(성자)', '聖誕(성탄)' 등에 쓰여요.

37

예언자 엘리야

(열왕기상 12-17)

솔로몬 왕이 다스리던 동안, 이스라엘은 평화스럽고 백성들은 큰 번영을 누렸어요. 그러나 그가 죽은 뒤에는 나라가 이스라엘과 유다, 두 왕국으로 나뉘었어요. 나쁜 왕들이 이스라엘을 다스렸는데 그 중 아합은 비와 햇빛을 부린다는 '바알 신'을 믿는 가장 나쁜 왕이었어요. 하나님이 선지자 엘리야를 통해 아합에게 말하라고 명했어요. 엘리야가 아합 왕에게 가서 말했어요.

"주님이 **명령**할 때까지 이스라엘에 **비**가 내리지 않을 것이다."

아합은 엘리야의 말을 듣고 화를 냈어요. 엘리야의 말대로 역시 비 오지 않은 날이 계속 되었어요. 식물들은 죽고 땅은 메말랐어요.

아합은 화가 나서 엘리야를 잡아 오라고 했어요.

엘리야는 아합을 피해 그릿 **시냇가**에 숨어있었어요. 하나님은 까마귀를 보내 떡과 고기를 물어다 먹였어요.

하나님께서 엘리야를 돌보아 주신 거예요! 그런데 시냇물까지 마

르자 하나님은 엘리야를 가난한 과부의 집으로 보냈어요. 엘리야는 여인에게 빵과 물을 달라고 했어요. 여인에게는 자신과 아들이 마지막으로 한 끼 먹을 밀가루와 기름만 있었어요.

"나를 위해 먼저 빵을 만들어 주시오. 하나님이 그대를 돌보아 주실 것이요."

여인은 엘리야 말대로 하였어요. 그러자 하나님은 그 여인에게 많은 **복**을 주셨고 밀가루 단지와 기름병은 절대로 바닥나지 않게 계속 채워 주셨어요.

37

예언자 엘리야

令	命	雨	川	丙	福
令(영 령)	命 (목숨 명)	雨(비 우)	川(내 천)	丙 (남녘 병)	福(복 복)
		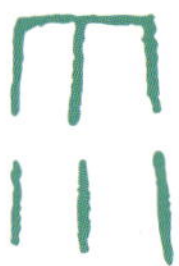	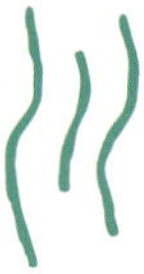		

천문학의 발달로 일 년은 12달이고, 하루는 오전 12시간, 오후 12시간으로 24시간인 것도 알았어요. 많은 것이 숫자 12와 부합하여 子, 丑, 寅, 卯, 辰, 巳, 午, 未, 申, 酉, 戌, 亥(자, 축, 인, 묘, 진, 사, 오, 미, 신, 유, 술, 해)' 12자를 만들고 地支(지지)라 하였어요.

令(명령 령)은 '명령하다' '호령하다'이지요. 옛날에는 종을 쳐서 사람을 모으고 상부 명령을 전하여 종(A)에, 사람이 꿇어앉은(卩) 모양을 합해 명령을 나타냈어요. '法令(법령)'에 쓰여요.

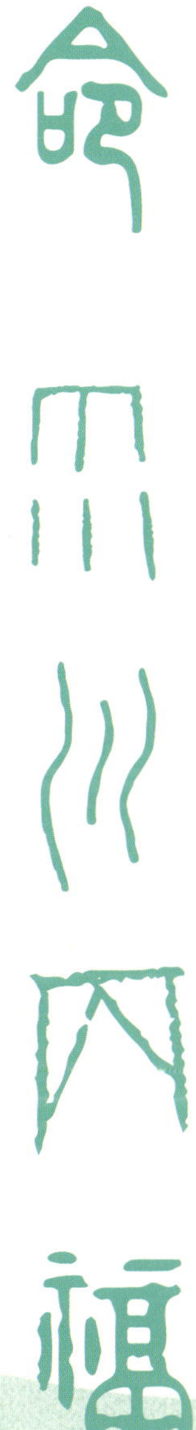

命(목숨 명)은 令과 같은 자로 '호령하다'는 뜻인데 점차 호령하는 입인 '口'를 더해 '从口, 令聲'의 형성자 命이 되었어요. 점차 '목숨', '命令(명령)', '運命(운명)' 등에 쓰여요.

雨(비 우)는 하늘 밑 구름사이로 물방울이 뚝뚝 떨어지고 있어요. 하늘에서 비가 오는 모양으로 '비'를 그려 '비 雨'자를 만들었어요. '雨天(우천)', '雨傘(우산)'에 쓰여요.

川(내 천)은 냇물이 흐르는 모양을 그렸어요. 냇가에는 물장구 치고 놀기 좋게 물이 졸졸졸 흐르지요. 그 모양을 그려 '내 川'자를 만들었어요. '山川(산천)'에 쓰여요.

丙(남녘 병)은 물고기 꼬리모양, 받침대 모양이라고 하고 음은 '병'이어요. 방향은 '남방'을 가리키는데 점차 천간의 셋째자로 빌려 썼어요. '甲乙丙(갑을병)'에 쓰여요.

福(복 복)은 처음 술병인 酉를 그렸어요. 제사에는 술을 올리고 복을 기원했기 때문이지요. 점차 신주인 示에 酉의 변형 畐(복)을 합한 '从示, 畐聲'의 형성자 福이 되었어요. '幸福(행복)', '祝福(축복)' 등에 쓰여요.

38

갈멜 산에서의 승리

(열왕기상 18, 30-40)

엘리야는 하나님의 말씀을 듣고 아합 왕에게 갔어요. 아합 왕은 엘리야를 보자마자 화를 냈어요.

"이 말성꾼아, 네가 이스라엘을 괴롭히는구나." 아합이 소리쳤어요.

"당신이 우상을 믿기 때문에 비가 안 오는 것이요. 누가 진짜 하나님인지 알아봅시다!" 엘리야가 말했어요.

그는 아합에게 갈멜산에서 만나자고 하였어요. 바알을 믿는 제사장들도 불렀고 이스라엘 백성들도 구경을 하려고 많이 모였어요.

엘리야는 바알 선지자들에게 산에 제단을 쌓고 그 위에 나무를 포개 놓으라고 하였어요.

자신도 똑 같이하고 백성들에게 말했어요.

"바알은 자기의 신에게 기도하고, 나는 우리 주님께 기도하여 제단에 불을 내어 **답**을 주시는 쪽이 진짜 하나님이다."

바알의 제사장들은 하루 종일 춤추며 기도했어요. 그렇지만 불은

내려오지 않았어요. 그 다음 엘리야의 차례가 되었어요. 엘리야는 제단 위에 물을 부어 흠뻑 적셨어요. 그리고 기도 하였어요.

"하나님만이 진정한 하나님인 것을 보여 주세요!"

그러자 하늘에서 불이 내려와서 젖은 나무와 제물을 태웠어요. 백성들은 모두 엎드려 외쳤어요.

"주님이 하나님이십니다. 주님이 하나님이십니다."

엘리야가 다시 기도 하자 이번에는 비를 내려주셨어요.

사람들은 누가 진짜 하나님인지 알게 되었어요.

38

갈멜산에서의 승리

竹	支	合	答	丁
竹(대 죽)	支(지탱할 지)	合(합할 합)	答(대답할 답)	丁(못 정)
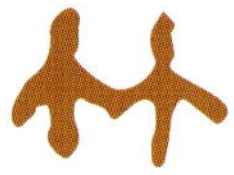	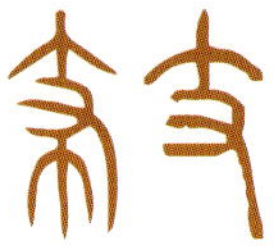			

천간과 지지를 합쳐 만든 '간지표'는 甲子, 乙丑, 丙寅(갑자, 을축, 병인) 등 60개를 이루었어요. 이것으로 갑자년, 을축년처럼 해(年)를 표시하는데 2020년을 '庚子(경자)년'이지요. 만약 庚子년에 태어나 다음 庚子년이면, 60년, 즉 환갑이 되어요.

竹(대 죽)은 대나무 마디에 잎이 뻗어 나온 모양이어요. 그것을 그려 '대나무 죽'자를 만들었어요.

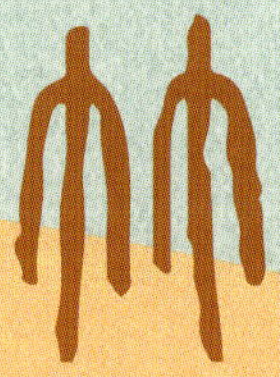

支(지탱할 지)는 손(又)으로 대나무 한가지를 잡고 있는 모양을 그렸고, '가르다', '가지'를 뜻했어요. '干支(간지)', '支流(지류)', '支店(지점)', '地支(지지)'에 쓰여요

合(합할 합)은 그릇(口) 위에 뚜껑(亼)이 덮여 있는 모양의 회의자이어요. 그 속에 많은 물건을 넣을 수 있어 '합하다', '모이다'는 뜻으로 썼어요. '合同(합동)', '合心(합심)'에 쓰여요.

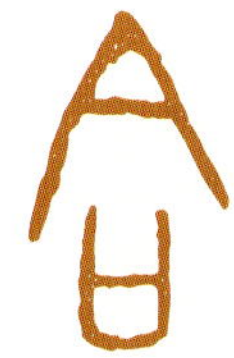

答(대답할 답)은 竹과 合을 음으로 합한 형성자로 원뜻은 '대나무 울타리'였어요. 일상에서 '대답하다'는 말을 '답'이라 하여 음이 같은 答을 빌려 썼어요. '答狀(납상)', '答案(납안)', '對答(대납)'에 쓰여요.

丁(못 정)은 못을 위에서 내려 본 모양을 그렸고 다시 옆모양을 그렸어요. 점차 천간의 넷째자리로 빌려 썼고, 못은 '釘'자를 만들어 주었어요. '丁酉(정유)', '兵丁(병정)'에 쓰여요.

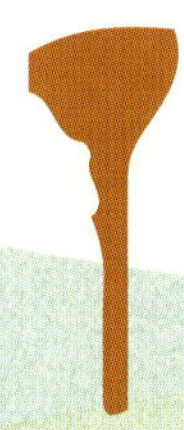

39

엘리야와 엘리사

(열왕기하 2)

엘리야는 자신의 제자인 엘리사에게 말했어요.

"주께서 나를 곧 데려가실 것이다. 너는 무엇을 원하느냐?"

"선생님이 가지신 능력을 저에게 **배**로 주셔요."

"내가 떠날 때 네가 내 곁에 있으면 너는 나를 대신하여 모든 하나님의 선지자들의 지도자가 될 것이다."

두 사람이 한참 이야기를 하며 걸어가고 있을 때 갑자기 불 말이 끄는 불 **수레**가 나타나 강한 바람을 일으키더니 엘리야를 데리고 하늘로 올라갔어요.

엘리사가 "하나님이 나의 스승을 데려가시는구나." 하고 소리쳤어요. 바닥을 보니 엘리야의 겉옷이 있었어요. 그는 겉옷을 주어들고 요단**江**가로 왔어요.

"하나님이 엘리야에게처럼 내게도 **기적**을 베푸실까" 엘리사는 궁금하여 옷으로 강물을 내리쳤어요. 그랬더니 마른 길이 열렸어요.

여리고의 선지자들은 그 광경을 보고 말했어요.

"엘리야의 기적이 이제 엘리사에게 내렸다."

그들은 엘리사를 자신들의 지도자로 삼았어요.

39

엘리야와 엘리사

倍	車	戊	奇	蹟
倍(곱 배)	車(차 차)	戊 (다섯째 천간 무)	奇(기이할 기)	蹟(자취 적)

차례를 세는 서수는, 기수와 마찬가지로 먼저 말이 있었어요. 말이 있으니 글자가 필요했지요. 그러나 새로 만들지 않고 음이 같거나 비슷한 자들을 빌려 썼어요. 빌려 쓰는 편리한 이 방법은 '가차'라고 했지요.

倍(곱 배)는 '从人, 咅聲'의 형성자로 원뜻은 '등쪽'이어요. 여기서 '등지다'로 인신되고, 등은 앞뒤 양면이 있어 다시 '두 배' '곱절'이라는 의미로 쓰였지요. '倍加(배가)', '倍達(배달)민족'에 쓰여요.

車(차 차)는 핸들과 축, 아래 바퀴 두개가 있는 차를 그린 상형자이지요. 점차 바퀴 둘을 상하로 포갰다가 하나만 남겨 車가 되었어요. '馬車(마차)'에 쓰여요.

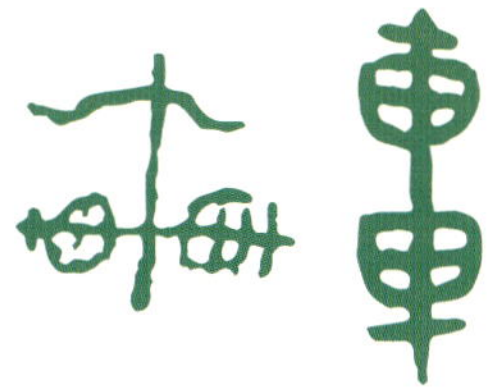

戊(다섯째 천간 무)는 무기로 쓰던 도끼를 그린 상형자여요. 천간의 다섯째자리를 '무'라하여 음이 같은 戊를 빌려 썼어요. '戊辰(무진)', '戊午(무오)'에 쓰여요.

奇(기이할 기)는 '从大, 从可'의 회의자로 원뜻은 '한발로 서다', '다르다'로 '특별하다'는 뜻이어요. 점차 '기이하다'로 인신되고, '奇跡(기적)', '奇數(기수)', '신기함(神奇함)', '호기심(好奇心)'에 쓰여요.

蹟(자취 적)은 '발자취'를 뜻하고 '적'이라 하였어요. '从足, 責聲'의 형성자인데 '사람의 발자국'으로 자취를 나타냈어요. 足에 모음이 같은 責을 합하였지요. '奇蹟(기적)', '古蹟(고적)', '史蹟(사적)', '筆跡(필적)' 등에 쓰여요.

40

문둥병을 고친 엘리사

(열왕기하 5)

엘리사는 엘리야의 발자취를 따르며 하나님이 얼마나 강하고 인자한 분이신 것을 보여주었어요. 하루는 한 여자가 엘리사를 찾아와 말했어요.

"남편은 죽고 빚이 있었는데 빚쟁이가 돈을 주지 않으면 아들을 데려가 노예로 삼겠다고 해요." 엘리사는 여인에게 물었어요.

"너의 집에 무엇이 있느냐?"

"선생님, 저의 집에는 고작 작은 올리브기름 한 병이 있어요."

엘리사는 여인에게 이웃에 가서 빈 그릇을 빌려오게 하였어요. 엘리사는 여인에게 빌려온 그릇에 올리브기름을 부으라고 하였어요. 여인은 차례로 기름을 부었어요. 그릇마다 기름이 가득 차올랐어요.

"이제 기름을 팔아다가 빚을 갚아라." 엘리사가 말했어요.

엘리사는 다른 나라의 군인도 도와주었어요. 나아만 장군은 용감하고 훌륭한 장군이었는데 그만 문둥병에 걸리고 말았어요. 한 이스라

엘 소녀가 말했어요.

"우리나라의 엘리사님은 병을 고칠 수 있어요." 그는 엘리사를 찾아갔어요.

"요단강에 일곱 번 들어갔다 나오시오."

엘리사는 종을 시켜 말했어요. 나아만 장군은 화가 났어요.

"뭐? 우리나라에도 좋은 강이 많아." 그는 화가 나서 돌아가려고 했어요.

"그래도 한번 들어가 보세요. 어려운 일도 아니잖아요."

부하들이 말했어요. 나아만 장군은 그 말에 따랐어요.

한 번, 두 번, 세 번…. 일곱 번째 들어갔다 나왔을 때, 병이 깨끗이 나았어요. 하나님께서 나아만 장군의 병을 고쳐 주셨어요.

"정말 감사합니다. 저는 다른 신을 버리고 이스라엘 하나님을 믿겠습니다."

나아만 장군은 엘리사에게 감사의 인사를 하고 돌아갔어요.

40

문둥병을 고친 엘리사

小	少	己	病	事
小(작을 소)	少(적을 소)	己(자기 기)	病(질병 병)	事(일 사)

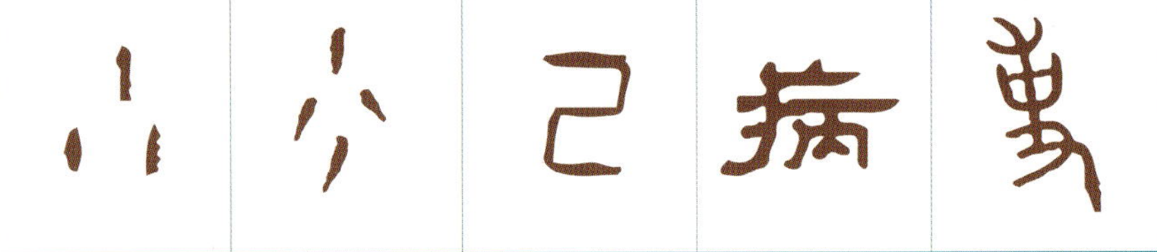

여러 한자를 보면 실제 모양을 그린 '상형자', 생각을 그린 '지사자', 두 세 자를 합한 '회의자', 말의 음을 넣은 '형성자', 음이 같아 빌려 쓴 '가차자'가 있어요. 그중 '상형자'는 모든 자의 기본이 되고 있어요.

小(작을 소)는 작은 물건 셋을 세 획으로 나타낸 상형자, 또는 지사자로도 보는데 원뜻은 '작다'이지요. '작다'에서 '유치', '작은 달', 또 '자기 낮춤'으로 인신되었어요. '小人', '小生', '小兒', '大小' 등에 쓰여요.

少(적을 소)는 작은 물건 네 개를 네 획으로 표시한 상형자, 또는 지사자라고도 해요. 소전에서 아래 획이 길게 뻗어 少가 되었고 원뜻은 '적다'이고, '젊다'로도 인신되었어요. '少年少女(소년소녀)', '少數(소수)', '多少(다소)' 등에 쓰여요.

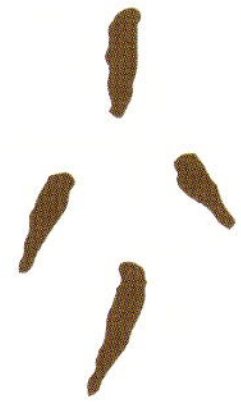

己(자기 기)는 화살 끝에 회수가 가능하게 줄을 달아 사용하였던 끈 모양의 상형자이지요. 음이 같아 '己未年(기미년)', '己亥年(기해년)'처럼 천간의 6째 자리로 빌려 썼어요. '自己(자기)', '知己(지기)', '利己(이기)' 등에 쓰여요.

病(질병 병)자는 '从疒, 丙聲' 형성자로 '질병'이지요. '질병 疾'을 보면 침상에서 땀을 흘리는 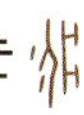과, 사람이 화살을 맞은 에서 疒과 矢를 합해 疾이 되고, 또 '병'은 '疒'과 丙을 합해 病자를 만들었어요. '疾病(질병)', '病院(병원)'에 쓰여요.

事(일 사)는 손(又)에 붓(聿)을 잡고 쓰는 모양인 史로 문서를 기록하는 사관이어요. 점차 일하다는 事로 인신되었고, '事情(사정)', '人事(인사)'에 쓰여요. '人事(인사)'의 뜻은 '사람의 일'인데 '상대에게 예를 표하는 행위'로도 쓰이니 '인사'는 '우리가 꼭 지켜야할 예의'이지요.

한자에 대한 재미있는 이야기

8 한자를 배우면 무엇이 좋을까요?

우리말에는 많은 한자어가 있으니, 한자를 알면 문장 속의 중요한 의미를 빨리 이해할 수 있어요. 소리글자인 한글과 뜻글자인 한자를 같이 사용하면 서로의 부족을 채워주어요.

우리 조상들은 대대로 자기 가문을 이어온 전통과 이를 상징하는 정신을 소중하게 여겼어요. 우리 부모님이 자녀들의 이름을 지을 때도 그 속에 자녀들이 가문의 정신을 잇고, 크게 발전하도록 기원하는 마음을 담았어요. 자신의 한자이름을 보면 부모님이 자신에게 주신 축복과 기대를 알 수 있어요.

우리가 살아가는 고장의 이름이나 부근의 산이나 들의 이름에도 우리 조상들이 살아온 자취가 깊게 배어있어요. 예를 들어 '피맛골'은 '백성을 괴롭히는 말 탄 권력자를 피하던 거리'라는 사연이 있어요.

만약 한자를 모른다면 우리 조상들이 저술한 귀한 책도 직접 읽을 수 없고, 각 도서관에 소장된 많은 책들도 휴지가 되고 말거예요. 한자교육이 얼마나 중요한지는 어른이 되어서야 알아요. 어른들은 '朝三暮四(조삼모사)', '馬耳東風(마이동풍)'같은 '四字成語(사자성어)'를 잘 이용하는데 '사자성어'는 네 글자 속에 하나의 이야기를 담고 있어, 만약 자기의 생각과 일치하는 '사자성어'를 말하면 아주 쉽게 자신의 생각을 전할 수 있기 때문이지요. 그 중요성을 아는 부모님들은 자녀들에게 한자를 가르치려고 애쓰고 있어요.

한자를 배우면 깊이 있는 대화에서 속뜻을 빨리 알아차릴 수 있고, 책을 읽는데 도움이 되어 국어실력이 향상되지요. 따라서 다른 과목의 설명도 잘 이해하여 결국 공부를 잘 하게 되어요. 한자를 잘 배우려면 우선 기초 한자를 충분히 익히고, '명심보감' 같은 한자교본을 읽으면서 옛 성인들의 말씀을 읽게 되지요. 성인들은 사람이 살아가는데 중요한 것이 무엇인지를 알아 여러 가지 가르침을 주셨어요.

나라를 지키고, 부모님께 효도하고, 의리로 친구를 사귀며, 형제들과 우애 있게 지내도록 격려할 뿐 아니라, 정직하고 바른 성품을 갖춘 사람으로 자라도록 가르쳐주고 있어요.

나아가 한자를 알면 중국어나, 일본어를 배우는데 크게 도움이 되어요. 중국어는 바로 한자로 쓰니 한자의 '형, 음, 의'를 알면 중국어는 아주 쉽게 배워요. 일본어는 자음과 모음자를 한자의 획을 따서 만들었다고 하니 한자가 바로 일본글자의 뿌리지요. 한자를 알면 일본어 배우기는 더욱 쉬워지지요.

이렇게 많은 이점이 있는 한자를 우리 한글과 함께 사용하는 것은 국어 생활의 기본이며 한자를 배워서 원활하게 사용할 수 있다면 우리의 언어와 문자생활에 큰 도움이 되겠지요.

41

어린 왕 요시아

(열왕기하 22)

솔로몬 王 이후 나라는 둘로 갈라져 그의 후손은 유대의 **남**쪽을 다스렸어요. 그러나 많은 왕들은 거짓 신을 섬기기도 하며 하나님을 멀리했어요. 유대의 16대 왕 요시아에 이르렀어요. 그는 여덟 살에 왕이 되었지만 自己 조상인 다윗왕의 길을 따랐어요.

그가 어느덧 26살이 되었을 때 예루살렘 성전이 너무 낡아 수리하라는 명령을 내렸어요. 일꾼들이 일하는 것을 보고 있던 제사장은 벽 속에서 낡은 **책** 한 권을 발견했어요. 제사장은 그 두루마리 책을 왕에게 드렸어요.

"임금님, 성전에서 이 책이 나왔습니다."

그것은 하나님의 **율법**이 적힌 책이었어요. 하나님이 시내산에서 모세에게 주셨던 율법이 다 적혀있었어요. 800년이나 되었어요. 요시아는 책을 읽어보고 모든 율법을 지키기로 결심했어요.

요시아왕은 제사장들을 향해 그 책을 읽어주고 백성들에게도 율법

을 지키라고 하였어요. 이어서 요시아는 우상들을 부수도록 명하였어요.

요시아는 모세의 율법을 가장 잘 순종하려고 애쓴 왕으로 그보다 더 순종한 왕은 그전에도 그 후에도 없었어요.

41

어린 왕 요시아

南	北	冊	律	庚
南(남녘 남)	北(북녘 북)	冊(책 책)	律(법 률)	庚 (일곱째 천간 경)
	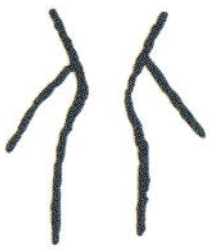	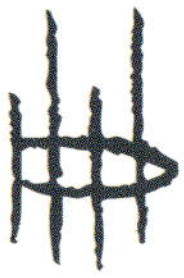		

한자는 처음 그림을 그려 생각을 전하며 시작했어요. 그런데 말이 급속도로 늘어나 미처 그림을 그리지 못해 음이 같은 다른 자를 빌려 쓰게 되었어요. 南, 北(남, 북)이나 庚(경)자도 그런 경우지요.

南(남녘 남)은 높이 걸어놓고 치는 종 모양이어요. 고대에 남쪽 지방에서 종을 치고 춤을 추며 제사를 드렸어요. 그래서 종 모양인 南자를 남쪽으로 빌려서 '남녘 南'이 되었어요. '南北(남북)'에 쓰여요.

北(북녘 북)두 사람이 등을 댄 모양의 '회의자'로 '등'이어요. 겨울이면 모두 따스한 남쪽을 바라보아 등은 언제나 북쪽을 향하므로 '등'을 '북쪽'으로 끌어다 썼고 등은 배(背)자를 만들어 주었어요. '달아나다' 일때는 '敗北(패배)'처럼 '배'로 발음해요.

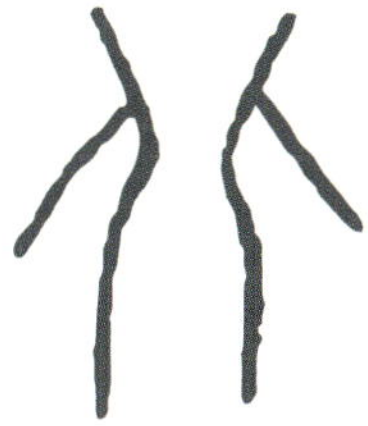

冊(책 책)은 길고 짧은 대쪽을 두 줄로 엮은 모양이어요. 종이가 없던 시절 대나무를 자르고 다듬어 글을 썼고, 이를 엮은 것이 '책 冊'이 되었어요. '冊房(책방)', '冊床(책상)'에 쓰여요.

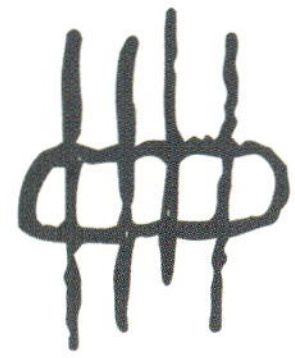

律(법 률)은 '从彳, 聿聲'의 형성자로 원뜻은 '사람들이 지켜야하는 규율'이어요. 行의 생략인 彳에, 손에 붓을 든 모양인 聿(율)을 음으로 합하였어요. '規律(규율)', '律動(율동)', '법률(法律)'에 쓰여요.

庚(일곱째 천간 경)은 돌리면 양쪽에 달린 방울로 울리는 악기 모양이어요. 음이 같아 천간의 일곱째 자리로 빌려 썼어요. '庚戌(경술)', '庚子(경자)' 등에 쓰여요.

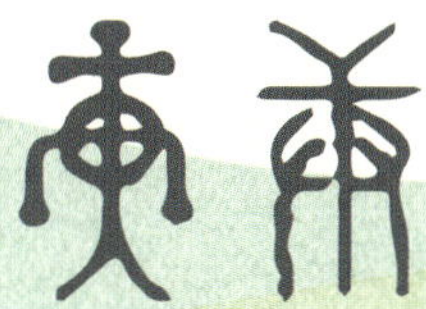

42

고래 뱃속의 선지자 요나

(요나. 1-2)

에리사가 죽은 뒤에, 하나님이 다른 선지자에게 말씀하셨어요, 그의 이름은 요나였어요.

"요나야, 앗시리아의 대도시 니느웨로 가서 내가 그들에게 벌을 줄 거라고 말해 주어라."

하지만 요나는 적들에게 가기 싫었어요. 그래서 살그머니 다시스로 가는 배를 탔어요. 하지만 하나님은 모두 알고 계셔서 바다 가운데서 큰 폭풍을 보내셨어요. **배**가 요동치며 차츰 가라앉기 시작했어요. 뱃사람들은 누구 때문에 바람이 몰아치는지 알아보려고 자는 요나까지 깨워 제비뽑기를 하였어요. 요나가 뽑혔어요.

"나를 바다에 던지세요. 내가 하나님한테서 도망치려고 해서 그래요."

사람들이 요나를 바다에 던졌어요. 던지자마자 커다란 **물고기**가 나타나서 요나를 삼켜 버렸어요. 요나는 3일 동안이나 고래의 뱃속에 있으면서 기도했어요.

"하나님, 제가 잘못했어요. 하나님 말씀대로 순종할게요."

물고기가 요나를 땅에 뱉었어요. 요나는 자신의 생명을 구해 주신 하나님을 찬양하며 니느웨로 가서 거리를 누비며 소리쳤어요.

"하나님을 믿지 않으면 하나님께서 벌을 주실 거에요."

니느웨 왕과 백성들은 **죄**를 회개하고 눈물을 흘리며 하나님께 잘못을 빌었어요. 니느웨 사람들은 더 이상 **벌**을 받지 않게 되었어요.

42

고래 뱃속의 선지자 요나

船	魚	罪	罰	壬
船(배 선)	魚(물고기 어)	罪(허물 죄)	罰(벌 벌)	壬 (아홉째 천간 임)

그림으로 시작한 한자는 산을 그려 山을, 나무를 그려 木, 통나무 속을 파서 舟를 만들었지요. 이들을 '뿌리한자'라고 해요. 만일 관련된 말의 한자를 만들 때는 船(선)자처럼 뿌리한자 舟를 이용해 만들었어요.

船(배 선)은 사람을 싣는 큰 배인데 '선'이라 하였어요. 그래서 舟를 뽑고, '선'과 음이 같고 '물 따라 흐르다'는 뜻의 '沿(연)자에서 㕣을 따 船자를 만들었어요. 글자를 만들 때 쓰는 말의 음이 중요했어요.

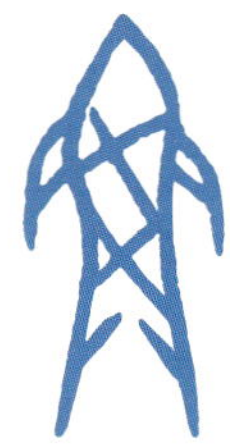

魚(물고기 어)는 비늘과 지느러미를 그린 물고기지요. 물고기를 잡는 漁夫(어부)는 水를 합해 漁라 써요. 물고기의 이름에는 魚를 붙여요. 잉어는 '리'라 하여 魚에 里를 음으로 합해 '잉어 鯉'리를 만들었어요.

罪(허물 죄)는 '从辛, 自聲'의 형성자(辠)로 죄를 뜻해요. 무기인 辛에 '코 自(鼻)'를 음으로 했어요. 고대에 죄인은 무기로 콧등을 쪼았기 때문이지요. 辠자가 皇자와 비슷해 진시황제 때 罪로 바꾸었어요. '罪人(죄인)'에 쓰여요.

罰(벌 벌)은 言과 网(망), 刀(刂)를 합친 회의자로 '말로 인한 죄도 법에 걸리면 처벌을 받는다.'는 뜻이지요. 점차 가볍고 일상적인 벌을 뜻하게 되었어요. '罰金(벌금)', '賞罰(상벌)', '天罰(천벌)', '罰則(벌칙)' 등에 쓰여요.

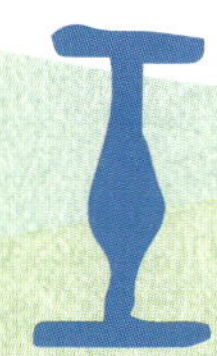

壬(아홉째 천간 임)은 도끼모양, 또는 아이를 밴 모양 등의 풀이가 있는데, 음에 의해 천간의 아홉째 자리로 빌려 썼어요. '壬辰(임진)', '壬午(임오)'에 쓰여요.

43

생명을 연장한 히스기야 왕의 기도

(열왕기하 20)

히스기야 왕은 다윗처럼 하나님께 **순종**하여 하나님이 보시기에 착한 왕이었어요.

많은 왕이 우상을 따르고 하나님을 떠났지만, 그는 하나님만 믿어야 한다고 사람들에게 가르쳤어요.

그러던 히스기야 왕이 큰 병에 걸렸어요. 하나님께서 이사야 선지자를 통해서 말씀하셨죠.

"너는 곧 **죽게** 될 것이다."

히스기야 왕은 **얼굴**을 벽으로 **향**하고 전심으로 하나님께 기도했어요.

"하나님, 저는 하나님을 사랑했어요. 제가 얼마나 애썼는지 기억해 주세요."

히스기야 왕은 울면서 기도했어요. 하나님은 그의 진정한 눈물을 보시고 이사야 선지자에게 말씀하셨죠.

“히스기야에게 가서 15년 동안 더 살게 해주고, 성읍을 앗수르로부터 건져주겠다고 말해라.”

히스기야 왕은 이사야 선지자가 전해 준 소식을 듣고 기뻐하며 하나님께 감사 드렸어요.

그리고 더욱 하나님을 위해 열심히 일하고 백성들을 잘 다스리겠다고 마음먹었어요.

43

생명을 연장한 히스기야왕의 기도

從	死	面	向	癸
從(좇을 종)	死 (죽을 사)	面(얼굴 면)	向(향할 향)	癸 (열째 천간 계)

그림을 그려 만든 뿌리한자는 몇 자나 될까요. 1899년 갑골문이 3,300년 만에 발견되었고, 많은 갑골편 중에 5천여 자를 찾아내 1천여 자를 풀이하였지요. 그러나 한자사전에서 부수로 쓰인 자는 214자 이지요. 이들은 모든 한자의 근간이 되는 뿌리한자라고 할 수 있어요.

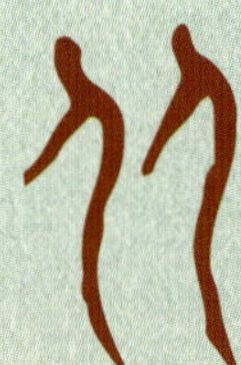

從(좇을 종)은 '뒤 쫓다'는 뜻으로 한사람이 앞사람의 뒤를 따라가는 모양으로 표현했어요. 점차 '가다'는 뜻의 辵을 넣어 從이 되었는데 간체로는 '从'로 써요. '服從(복종)' '主從(주종)' 등에 쓰여요.

死 (죽을 사)는 사람이 죽은 자의 시신을 바라보는 모양이어요. 앞 자는 서서 아랫 사람의 시신은 보고, 뒷자는 꿇어앉아 윗사람의 시신을 보는 모습을 그렸어요.

面(얼굴 면)은 얼굴에 마음의 창인 눈만을 그렸어요. 그러나 코, 입, 귀도 있어 首로 바뀌었고, 점차 얼굴 이외에 '평면'처럼 평평한 것을 칭하는 말로 인신 되었어요.

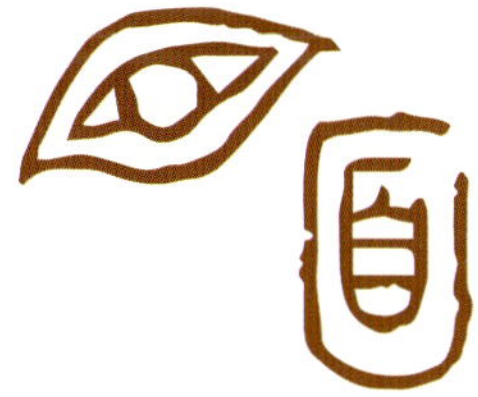

向(향할 향)은 북쪽 벽의 창문으로 '从宀, 从口'의 회의자이지요. 남향집에 통풍을 위한 '북쪽에 창'이어요. 한 곳에만 있어 '방향'이란 뜻이 생겼어요. '方向(방향)'. '向學(향학)'에 쓰여요.

癸(열째 천간 계)는 화살 모양, 측량하는 막대 모양 등의 풀이가 있으나, 음에 의해 천간의 열째자리로 빌려 썼어요. '癸酉(계유)', '癸亥(계해)'등에 쓰여요.

이제 차례를 세는 天干의 10자를 다 풀어보았어요. 살펴본 바와 같이 먼저 말이 있었고 그 말과 음이 같은 10자를 골라 빌려 썼어요. 차례를 세는 서수, 地支도 마찬가지 방법으로 子, 丑 등 12자를 골라 빌려왔어요.

44

요시아왕 이후 슬픈 결말

(열왕기하 23-25)

요시아 왕 이후 몇 명의 왕들은 하나같이 거짓 신들에게로 돌아갔어요. 하나님은 정말 화가 나셨어요.

"유다 백성은 나를 버렸구나 이제 더 이상은 참을 수 없다."

하나님은 **적**의 침입을 막아주지 않아 당시 강한 바벨론의 느부갓네살이라 하는 왕이 예루살렘으로 쳐들어 왔어요. 그의 군사들은 성 안으로 들어와 중요한 건물들을 모조리 불태웠어요. 왕궁도 불타고 백성들이 **사**는 집들도 불탔어요.

이때 솔로몬 왕이 지은 성전도 **붉게** 타버렸어요. 그들은 아름다운 성전 속의 보물들을 훔쳐가고, 성전의 이곳저곳을 떼어내 바벨론으로 가져갔어요. 그리고 왕족과 군인들과 솜씨 좋은 기술자들도 모조리 끌고 갔어요. 다만 **가난**하고 힘없는 사람들만 남아 농사를 지었어요.

유다 백성들은 나라를 잃었어요.

44

요시아왕 이후의 슬픈 결말

敵	住	赤	子	貧
敵(원수 적)	住(살 주)	赤(붉을 적)	子(아들 자)	貧(가난할 빈)

회의자는 두 글자 중에서 의미를 조금씩 합해 새로운 글자를 만드는 방법이지요. 형성도 두 글자를 합하는데 그 중 한 글자는 '뜻'을 주고 다른 자는 '음'을 나타내요. 말의 음을 글자에 넣어 기억하기 쉽게 하였어요.

敵(원수 적)은 '从攵, 啇聲'의 형성자로 '원수'이지요. 원수는 서로 때리려하여 攵를 쓰고, 啇(적)은 '그치다(止)'는 뜻인데 원수는 상대가 먼저 그치기를 원해 啇을 음 삼았어요. '敵兵(적병)', '無敵(무적)'에 쓰여요.

住(살 주)는 사람(人)과 主자를 합쳤어요. 主는 촛대인데 불은 음식을 해먹고 추위도 막아주어 사람이 사는데 꼭 필요한 요소이기 때문이지요. '住所(주소)', '住民(주민)'에 쓰여요.

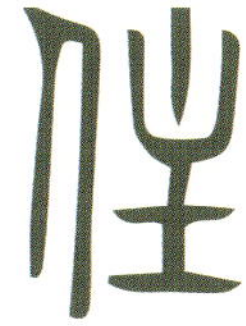

赤(붉을 적)은 사람을 불 위에 태우는 '从大, 从火'의 회의자로 '붉다'이고, 불은 모든 것을 다 태워 '다하다', '텅 비다'로 인신되었어요. '赤色(적색)', '赤手(적수)', '赤信號(적신호)', '赤字(적자)'에 쓰여요.

子(아들 자)는 강보에 싸인 아이인 와 처럼 머리털까지 그린 두 가지 모양이 있어요. 는 '아이', '자녀'로 쓰고, 는 지지의 첫 번째 '子'로만 써요. '甲子(갑자)', '壬子(임자)'에 쓰여요.

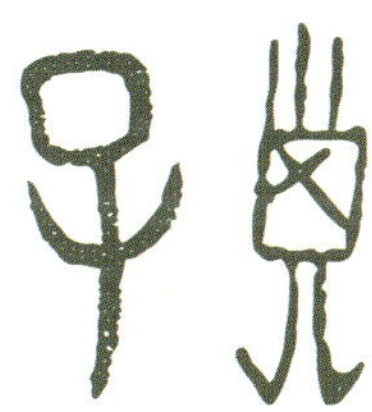

貧(가난할 빈)은 '가난'으로 '빈'이라 하는 '从貝,分聲'의 형성자이지요. 원뜻은 재물(貝)을 나누다(分)이어요. 화패로 쓰던 조개 貝를 나누어 '가난하다'로 인신되었어요. '貧困(빈곤)', '貧血(빈혈)', '淸貧(청빈)'에 쓰여요.

45

욥에게 주신 하나님의 축복

(욥기 1-4)

욥은 하나님을 아주 사랑하는 사람이었어요. **마귀**들이 그의 마음을 시기하여 그를 시험하기로 하였어요. 어느 날, 갑자기 욥에게 나쁜 일이 일어나기 시작했어요. 하인들이 와서 말했어요.

"나쁜 사람들이 와서 양과 낙타와 소를 빼앗아가고 우리 일꾼들을 죽였어요!"

또 다른 사람이 와서 더 슬픈 **소식**을 전했어요.

"큰 바람이 불어 집이 무너졌는데 당신의 자녀들이 모두 죽었어요."

하지만 욥은 결코 하나님을 원망하지 않았어요. 욥의 온몸에 부스럼이 났어요. 사람들은 욥이 죄를 지어서 저주를 받은 거라고 했어요. 욥은 기와 조각으로 가려운 온몸을 긁으면서도 하나님께 화를 내지 않고 말했어요.

"하나님, 사랑해요."

하나님은 그의 진실한 마음을 기쁘게 받으셨어요. 그리고 더 많은 축복을 주셨지요. 병도 깨끗하게 나았고 더 많은 양과 소와 나귀를 주어 재산도 불어 났어요. 또 예쁜 자녀들도 더 많이 주어 행복하게 살아갈 수 있었어요.

45

욥에게 주신 하나님의 축복

魔	鬼	幸	消	息
魔(마귀 마)	鬼(귀신 귀)	幸(다행 행)	消(사라질 소)	息(숨쉴 식)

회의자나 형성자는 각기 다른 두 자를 합하니까 魔자 처럼 획수가 많아져 어렵게 보이지요. 그러나 한자 한자 나누어 살펴보면 쉽게 이해할 수 있어요.

魔(마귀 마)는 '从鬼, 麻聲'의 형성자로 원뜻은 '귀신'인데 '마'라했어요. 마귀는 귀신과 흡사하게 생겨 鬼를 취하고, 마귀와 음이 같은 麻를 음으로 삼았어요. '魔鬼(마귀)', '魔手(마수)', '魔術(마술)'에 쓰여요.

鬼(귀신 귀)는 귀신으로 머리가 아주 큰 사람이 꿇어 앉아 있는 모양을 그린 상형자지요. 귀신은 머리를 크게 하여 일반 사람과 구별하였어요. '鬼神(귀신)'에 쓰여요

幸(다행 행)은 죄인의 손목에 채우는 수갑 모양의 상형자이어요. 수갑을 차지 않은 것을 행운으로 생각하여 '수갑'이라는 뜻이 '다행', '행복'으로 인신되었어요. '多幸(다행)', '幸福(행복)'에 쓰여요.

消(사라질 소)는 가뭄에 물이 마르듯이 '사라지다'는 뜻으로 '소'라 하였어요. 水에 소와 모음이 같고 작다는 뜻의 肖(초)를 음표로 '从水, 肖聲'의 형성자 '消'를 만들었어요. '消化(소화)', '消息(소식)', '消風(소풍)' 등에 쓰여요.

息(숨쉴 식)은 '숨 쉬다'는 뜻이어요. 사람의 숨결은 심장에서 코로 뿜어나와 '心'과 코인 '自'를 합친 회의자를 만들었어요. 점차 '호흡', '소식'으로 인신되었고, '安息(안식)', '子息(자식)', '休息(휴식)', '歎息(탄식)'에 쓰여요.

한자에 대한 재미있는 이야기

9 한자를 쓰는 나라는 얼마나 될까요?

21세기는 문화의 세기이고 글로벌 시대라고 해요. 한자문화권에 있는 중국을 비롯한 한국, 일본, 대만, 싱가폴, 홍콩 등 여러 나라는 모두 한자를 쓰고 있어요. 중국, 대만, 홍콩은 한자만을 쓰지만 그밖의 나라는 자신들의 문자와 함께 한자를 쓰고 있어요. 베트남은 베트남 문자와 한자를 함께 써 왔는데 오랫동안 프랑스의 식민통치를 받으며 자국문자가 소멸되었고 언어는 알파벳으로 써왔어요. 지금은 하노이 대학을 중심으로 베트남문자 복원운동을 하며 한자도 살린다는 소식이 전해지고 있어요.

그러면 한자를 쓰는 나라는 모두 일곱 나라이지만, 한자문화권이 아닌 서방의 여러 나라 사람들도 중국어를 배우는 열풍에 힘입어 한자 배우기에 힘쓰고 있지요.

한자를 쓰는 여러 나라 사람들은 한자를 각기 자신들의 발음으로 읽고 있으나 한자가 전해주는 의미는 모두 한가지로 통해요. '韓國(한국)'이라는 한자를 한국인이 읽으면 한국어이고, 중국인이 읽으면 중국어이며, 일본인이 읽으면 일본어지만 모두 '대한민국'을 뜻하지요. 재미있는 것은 다른 나라의 언어를 몰라도 우선 종이에 한자로 쓰면 상대방이 말하려는 뜻을 알아차릴 수 있어요. 그러므로 한자는 동아시아 공동의 문자이자, 국제적으로 통하는 문자라고 할 수 있지요.

동아시아 여러 나라 청년들이 모인 국제 활동에서 나라마다 말이 달라 소통이 어려운 때 한사람이 종이와 연필을 꺼내 한자로 쓰니 모두 이해했지만, 한자를 모르는 한국 청년만 호응하지 못했다는 이야기를 들었어요.

국제화, 세계화 시대에 큰 인물로 성장하기 위해서는 한자를 알아야 하는 것은 아무리 말해도 지나치지 않아요. 더욱 중요한 것은 한자는 어려서 배우는 것이 가장 좋다고 강조하고 싶어요.

46

에스더 왕비의 용기

(에스더 4- 8)

고레스 왕이 바벨론을 다스릴 때 유대인들의 형편이 좀 좋아졌어요. 고레스는 그들이 **자유**롭게 예루살렘으로 돌아가도 좋다고 하였으니까요.

당시 아하수에로왕은 새 왕비를 맞아야 했어요. 왕은 이 나라에서 가장 예쁜 여인을 구하라고 명했어요. 에스더도 궁으로 가게 되었는데 에스더가 **왕비**로 뽑혔어요. 하만은 새 왕의 가장 높은 **신하**였는데 자기에게 고개를 숙이지 않는 유대인 모르드개를 괘씸하게 여겼어요. 아예 유대인을 모두 없애버릴 생각을 했어요.

하만은 왕에게 유대인들은 법을 지키지 않고 왕을 공경하지도 않는 위험한 **인물**이라고 했어요. 왕은 그의 거짓말에 속아 유대인을 마음대로 하라고 하였어요. 하나님의 백성들은 위험에 처했어요.

에스더의 사촌오빠인 모르드개는 이 소식을 왕비에게 전했어요.

에스더는 왕과 하만을 위한 특별한 저녁식사 잔치에 초대하여 잔

치상에서 왕에게 물었어요,

"임금님, 하만이 저를 죽이려고 하는데 이유가 무엇입니까?"

왕은 깜짝 놀랐어요. 에스더가 말했어요.

"저는 유다 사람이에요. 하만이 임금님을 속여 유다사람을 모두 죽일 법에 도장을 찍게 만들었답니다."

"하만을 나무에 매달아라." 왕이 소리쳤어요.

하만이 모르드개를 매달려고 준비한 나무에 하만을 매다니 왕의 화가 그쳤어요.

그리고 모르드개를 최고 신하로 세웠어요.

"에스더, 당신과 당신 백성을 지킬 새 법을 만들 것이오."

하나님은 에스더를 통해 자기 백성을 구하셨어요

46

에스더 왕비의 용기

由	妃	臣	物	丑
由(말미암을 유)	妃(왕비 비)	臣(신하 신)	物(만물 물)	丑(소 축)
	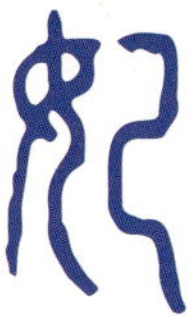			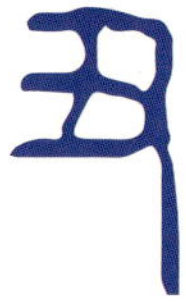

상나라의 가장 훌륭한 여인은 武丁(무정)왕의 부인 婦好(부호)왕비에요. 1만 3천 명의 병사를 이끌고 왕을 도와 싸운 용감한 장군이기도 해요. 1976년 부호묘가 발견되어 실제 존재가 확인된 최초의 고대 왕비가 되었지요.

由(말미암을 유)는 대나무를 엮어 만든 그릇을 그린 상형자이어요. 원뜻은 그릇으로 '유'라 하는데 점차 음에 의해 '유래', '이유' 등으로 인신되었어요. '由來(유래)', '自由(자유)' 등에 쓰여요.

妃(왕비 비)는 '女와 巳(子)'를 합한 회의자로 뜻은 '배필을 만나 아이를 낳다'이고 '비'라 하였지요. 점차 '배우자', '배필', '왕의 부인'으로 인신되었어요. 점차 '비'와 모음이 같은 己를 넣은 '从女, 己聲'의 형성자가 되었고, '王妃(왕비)', '大妃(대비)'에 쓰여요.

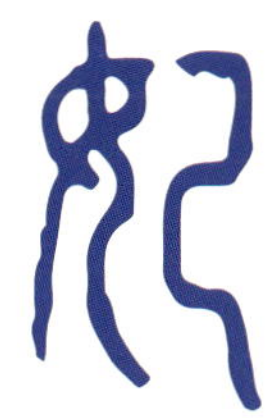

臣(신하 신)은 눈을 세워 눈알이 튀어 나오게 그린 상형자지요. 신하는 꿇어앉아 눈을 치켜뜨고 임금을 보기 때문에 눈알을 크게 하였어요. '臣下(신하)', '家臣(가신)', '忠臣(충신)' 등에 쓰여요.

物(만물 물)은 소 牛에 勿을 음으로 한 '从牛, 勿聲'의 형성자로 원뜻은 여러 색을 가진 '잡색 소'이지요. 귀한 동물인 소는 모든 물건을 대변하여 '만물'을 칭하였어요. '物件(물건)', '物心(물심)', '事物(사물)'에 쓰여요.

丑(소 축)은 손가락으로 할퀴는 모양을 그린 손이어요. 又도 손가락 셋을 그렸는데, 丑은 사납게 할퀴는 모양이지요. 지지 12자를 동물과 배합할 때 소와 연결되어 '소축'이 되었어요.

47

다니엘과 왕의 꿈

(다니엘 1-4)

유대에서 끌려온 포로들은 3년이 지나도 고국으로 돌아갈 수가 없었어요.

어느 날 느부갓네살 왕이 신하에게 유대인 중 흠이 없이 말쑥하고 똑똑한 **청년**을 뽑으라고 했어요. 청년들에게 바벨론 말과 법을 가르쳐 왕궁 **관리**로 쓸 생각이었어요. 다니엘과 친구 셋이 뽑혔어요.

다니엘은 3년 동안 훈련을 받은 후 왕궁에서 일을 하였어요. 몇 년 후 왕궁에서 무서운 일이 벌어졌어요, 왕이 왕궁의 박사들을 모조리 죽이라는 명령을 내렸어요. 다니엘은 궁금해서 물었어요.

"왜 왕께서 이러한 명을 내린 것입니까."

"왕께서 꿈에 머리는 금이고 가슴은 은, 배와 다리는 놋이며, 종아리는 쇠와 진흙인 형상을 보았는데 꿈을 풀지 못해 화가 나셨다 합니다."

"온 나라의 박사와 무당과 점쟁이에게 물어도 아무도 아는 자가 없구나."

다니엘은 하나님께 꿈의 비밀을 알려 달라고 기도 했어요. 하나님은 그를 사랑하셔서 지혜를 주셨어요. 다니엘은 왕 앞으로 나아가 왕의 꿈을 풀이 했어요.

"왕은 박사를 죽이지 않아도 됩니다. 하나님께서 내게 꿈의 뜻을 보여 주셨어요. 왕은 왕 중의 왕이시라 세상 모든 것을 왕의 **손**에 넘겨 왕은 곧 금 머리이십니다. 다른 나라가 나타나도 쇠로 부술 것이며, 쇠와 진흙이 섞인 것은 다른 민족과 섞일 것인데 그래도 하나님이 한 나라를 영원히 망하지 않은 나라로 세울 것을 왕께 보여주신 것입니다."

"너의 하나님은 과연 모든 신들보다 높구나. 내 꿈의 비밀을 설명할 **능력**을 주셨으니."

왕은 다니엘을 가장 높은 총리대신으로 임명했고 다니엘의 요구대로 그의 세 친구들도 지방 관리로 삼았어요.

47

다니엘과 왕의 꿈

青	官	吏	手	能	寅
靑 (푸를 청)	官 (벼슬 관)	吏 (벼슬아치 리)	手(손 수)	能 (능할 능)	寅 (셋째지지 인)

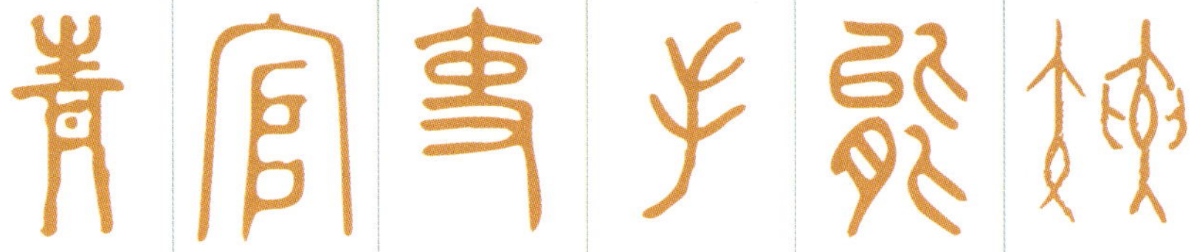

青(푸를 청)은 '푸른색'이고 '청'이라고 했어요. '从生, 从丹'의 회의자인데 生은 돋아나는 풀이고, 丹은 '붉은 돌'로 두 자를 합해 '붉고 푸름'으로 젊음을 상징했어요. '靑年(청년)', '丹靑(단청)', '靑出於藍(청출어람)'에 쓰여요.

官(벼슬 관)은 법에 따라 나라 일을 처리 하는 관리로 从宀, 从𠂤의 회의자이지요. 나라 청사인 宀에 신하나 군대의 모양인 𠂤를 합했어요. 점차 𠂤가 𠂤로 변했고 官은

'官吏(관리)', '官廳(관청)', '文官(문관)', '武官(무관)'에 쓰여요.

吏(벼슬아치 리)는 손(又)에 붓(中)을 잡고 기록하는 모양의 史로 나라 일을 기록하는 '사관'이었어요. 사관은 다시 '관리吏'로 인신되었지요. '官吏(관리)', '吏判(이판)', '公吏(공리)' 등에 쓰여요.

手(손 수)는 다섯 손가락이 있는 손으로 '수'라해요. 처음 세 손가락을 그린 又가 있고, 손목아래 맥박을 그린 寸이 있는데 又는 '또 한' 으로, 寸은 '마디'촌으로 쓰여 手자를 다시 만들었어요. '手足(수족)', '手記(수기)'에 쓰여요.

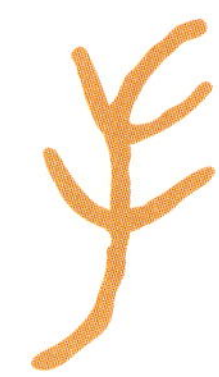

能(능할 능)은 사슴의 발모양 또는 발을 든 곰 모양으로 보아요. 곰은 느려도 지능이 높아 '능력', '재능'으로 빌려 썼고, 곰은 '곰 熊'자를 만들어 구별하였어요. '能力(능력)', '能率(능률)', '能手(능수)', '才能(재능)', '修能(수능)'에 쓰여요.

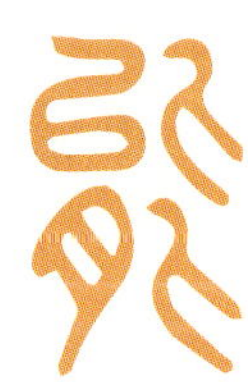

寅(셋째지지 인)은 화살이나 화살을 두 손으로 받쳐 든 모양으로 풀이해요. 점차 子, 丑에 이어 지지의 셋째 자리로 빌려 썼어요. '甲寅(갑인)', '丙寅(병인)'처럼 '시간'이나 '해'의 차례를 세는 단위로 쓰여요.

48

불속의 천사

(다니엘 3-5)

다니엘은 어느 지방을 다스리는 관리가 되었어요. 다니엘이 잠시 궁궐을 비운사이 느부갓네살 왕은 큰 **신상**을 만들어 신상에게 기도하게 하였어요.

여러 곳에서 백성들이 신상을 보러 왔고, 큰 잔치가 벌어졌어요.

"음악소리가 나면 너희는 금 신상에게 절하고 기도해야 한다. 그렇지 않으면 뜨거운 풀무에 던져 타죽을 것이다."

신하의 말이 끝나자 곧 음악 소리가 났어요. 모든 사람이 절을 했지만 세 사람만 절하지 않았어요. 그들은 다니엘과 그의 친구 사드락, 메삭, 아벳느고였어요.

"우리는 이스라엘의 하나님께만 기도합니다."

왕은 몹시 화가 나서 세 사람을 결박하여 훨훨 타는 풀무불 속에 넣었어요. 그런데 왕은 그들이 불꽃 가운데를 자유롭게 **행보**하는 것을 보았어요. 그 옆에 결박되지 않은 다른 형상이 있는 것도 보았어요.

"그 네번째의 모양은 신의 아들인것 같구나". 하고 가까이 가서

"지극히 높으신 하나님의 종 사드락, 메삭, 아벳느고야 나와서 이리로 오너라." 왕은 그들을 불러냈어요. 그들은 머리카락 하나도 다치지 않았어요. 왕은 소리 쳤어요.

"이제 내가 조서를 내리노니, 이들의 하나님께 함부로 말하지 마라. 이보다 능력이 크시고 사람을 구원할 다른 신은 없도다."

48

불속의 천사

神	像	行	步	卯
神(귀신 신)	像(형상 상)	行(다닐 행)	步(걸음 보)	卯 (넷째지지 묘)
		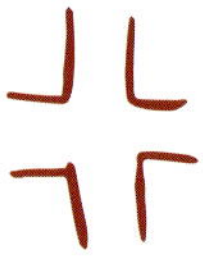		

神(귀신 신)의 갑골문은 처럼 천둥번개와 소리를 그려 넣은 申이어요. 천둥번개가 두려워 신으로 여겼어요. 申이 地支로 가차되자, 신주 모양인 示에 申을 음으로하여 형성자 神을 만들었어요. '神仙(신선)', '神通(신통)', '精神(정신)'에 쓰여요.

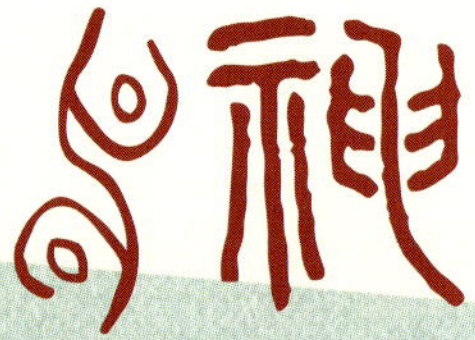

像(형상 상)은 사물의 형상을 '상'이라 하였어요. 글자가 필요하여 人에 코끼리 모양인 象을 음으로

합한 형성자 像을 만들었어요. 사물의 모양을 그대로 본떠 '실물 모양과 같다'는 뜻이지요. '現像(현상)', '肖像(초상)', '影像(영상)', '想像(상상)' 등에 쓰여요.

行(다닐 행)은 큰 십자로를 그린 상형자로 멀리 갈 수 있는 큰길을 그려 '다닐 行'자를 만들었어요. 다니는 움직임에서 '행동', '행위'로 인신되었고, 친족 간의 대수 관계는 '항'으로 읽어요. '行路(행로)', '行爲(행위)', '行列(항렬)'등에 쓰여요.

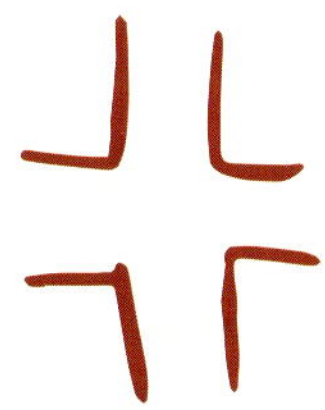

步(걸음 보)는 발(止)을 상하로 포갠 모양의 상형자로 원뜻은 '행보하다'이지요. '보(步)'는 말이나 차를 타지 않고 '걸어서 가다'는 뜻이어요. '行步(행보)', '散步(산보)', '步行(보행)'에 쓰여요.

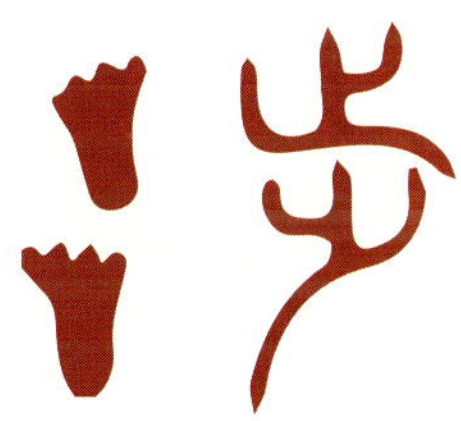

卯(넷째지지 묘)는 칼로 물건을 반으로 쪼갠 모양이어요. '묘'라 했고 '자르다'는 뜻이 있지만 음에 의해 子, 丑, 寅 다음인 地支의 넷째 자리로 빌려 썼어요. '乙卯(을묘)', '丁卯(정묘)'에 쓰여요.

49

사자굴 속의 다니엘

(다니엘 6)

페르시아 왕이 느부갓네살의 바벨론을 빼앗았어요. 새 왕 다리오는 자신을 도울 지혜로운 사람이 필요했어요. 왕은 다니엘을 뽑았어요. 그러자 다른 신하들이 다니엘을 질투하고 미워했어요. 흠을 잡으려 해도 흠 잡힐 일이 없었어요. 다니엘이 매일 하나님께 기도하는 것을 보고, **신앙**을 트집 잡아 다니엘을 없앨 계획을 세우고 왕에게 말했어요.

"왕은 최고의 신이시니 왕에게만 기도해야 해요. 다른 신에게 기도할 수 없는 법을 만드셔요. 법을 어기면 사자 굴에 던져야 합니다."

다리오 왕은 조서에 싸인을 했어요. 그래도 다니엘은 하나님을 향한 기도를 멈추지 않았어요. 며칠 후 사람들이 와 이 법을 지키지 않은 사람이 **있다**고 하였어요. 그제야 다리오는 속은 것을 알았어요. 다니엘은 사자굴 앞에 끌려왔어요. 다리오 왕은 말했어요.

"미안하구나, 너는 하나님께 충실 했으니 너의 하나님이 구해 주실 것이다.”

다니엘이 사자 굴에 들어갔어요. 왕은 슬펐어요. 자기가 만든 법 때문에 다니엘이 죽게 되자 밤새도록 슬퍼하다가 새벽이 되어 사자 굴로 달려갔어요.

“다니엘아, 다니엘아. 너의 하나님이 구해 주셨느냐.”

“걱정 마세요. 하나님이 **천사**를 보내 사자들의 입을 막아 주었어요. 저는 왕을 해칠 일을 한 적이 없어요.”

다리오 왕은 나쁜 신하들을 사자 굴에 가두고 다니엘에게 말했어요.

“네가 믿는 하나님께 기도하자.”

왕은 모두에게 다니엘의 하나님을 높이라고 命했어요.

49

사자굴 속의 다니엘

信	仰	有	使	午
信(믿을 신)	仰(우러를 앙)	有(있을 유)	使(하여금 사)	午(낮 오)

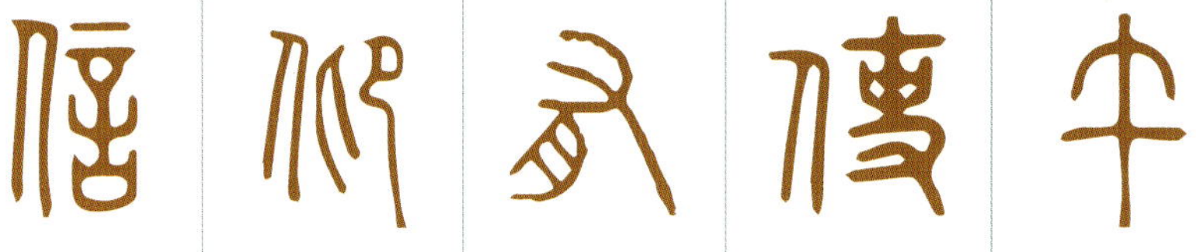

信(믿을 신)은 '从人, 从言'의 회의자로 원뜻은 '믿음'이어요. 한 사람(人)에 대한 '믿음'은 그 사람의 말(言)에서 나오기 때문으로, '양치기 소년'의 이야기는 좋은 예이지요. '信念(신념)', '信仰(신앙)', '書信(서신)'에 쓰여요.

仰(우러를 앙)은 한 사람(人)이 무릎을 꿇고 고개를 들어(卬) 상대에게 구원하는 '从人, 卬聲'의 형성

자예요. 올려보는 데서 '존경하다', '사모하다'로 인신되었고, 人을 붙여 의미를 더욱 확실하게 하였어요. 높이 우러러보는 '推仰(추앙)'에 쓰여요.

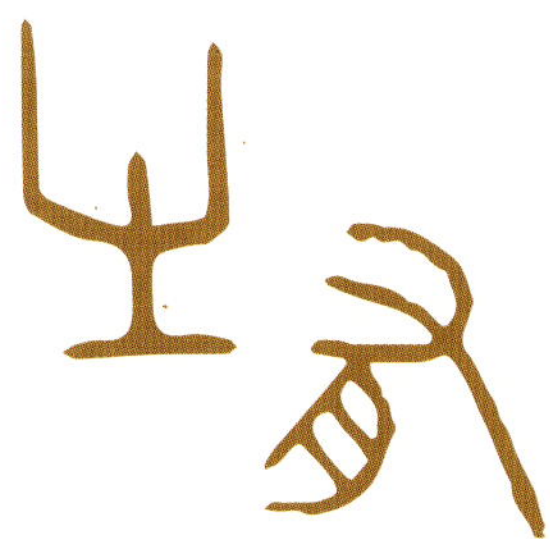

有(있을 유)는 '있다'는 뜻으로 '유'라했어요. 음이 같은 (又)를 '있다'로 쓰다가 점차 부의 상징인 소의 정면모양인 로 바꾸었고, 주나라에 와서 손(又)에 고기(肉)를 든 모양의 有자가 되었어요. '有無(유무)', '有名(유명)', '有能(유능)'에 쓰여요.

使(하여금 사)는 손(又)에 붓(中)을 들고 기록하는 모양의 '史'에서 파생되었어요. 史는 '기록하다'인데 '벼슬', '멀리 보낸 관리'로 인신 되었어요. 점차 벼슬은 吏자를, 파견관리는 使를 만들어 구별하였어요. '大使(대사)', '天使(천사)'에 쓰여요.

午(낮 오)는 실타래 모양, 또는 절구공이 모양이라고 해요. 지지의 일곱째자리로 빌려 쓰고 낮시간을 뜻해 '낮 오'가 되었어요. '正午(정오)', '午前(오전)', '午後(오후)' 등에 쓰여요.

50

성전을 다시 세우다

(에스라 1-6, 학개 2)

오랜 세월이 흐른 후, 페르시아 왕이 하나님의 백성에게 말했어요.

"너희는 돌아가도 좋다. 고향에 가서 다시 **성전**을 세워라."

왕은 성전에서 훔쳐 왔던 값진 **보물**도 되돌려 주었어요. 하나님의 백성들은 예루살렘을 향해 길을 떠나면서 약속을 지켜주신 하나님을 높이 찬양 했어요.

예루살렘은 폐허가 되어 있었어요. 백성들은 하나님의 집을 다시 세우기 위해 온힘을 기울였으나 몸은 이미 병들고 지쳐갔어요.

하나님은 학개와 스가랴 두 사람을 보내 백성들에게 말했어요.

"여러분 우리는 하나님의 집을 잊고 있었소. **용기**를 내어 주의 성전을 건축합시다. 힘은 하나님의 영에서 나옵니다."

하나님은 또 느헤미아를 보내 견고한 성벽을 쌓으라고 명했어요. 그들이 예루살렘으로 돌아오기는 했으나 성전은 무너지고, 성벽도 모두 허물어졌어요. 왕이 아끼는 신하 느헤미야가 왕에게 부탁했어요.

"고향에 돌아가서 예루살렘 성벽을 쌓을 수 있게 해주세요."

왕은 느헤미야를 보내 주었어요. 느헤미야는 성벽이 너무 많이 무너져 있는 것을 보고 마음이 아파서 울었어요. 하지만 울고만 있을 수는 없었어요.

"여러분 모두 모이세요. 우리 함께 힘을 모아서 성벽을 다시 쌓아요."

반대하는 사람들이 방해를 하였지만 성벽은 52일 만에 다시 세워졌어요. 하나님께서 그들을 도와 주셨기 때문이에요. 백성들은 하나님께 십일조를 바쳤어요. 얻은 것의 10분의 1을 바친 거에요. 성벽을 다 만들고 나서 사람들은 성벽을 따라 돌며 오랜 고난을 통해 무엇을 배웠는지 깨달았어요

50

성전을 다시 세우다

殿	寶	勇	氣	未
殿 (대궐 전)	寶 (보배 보)	勇 (용맹할 용)	氣 (기운 기)	未 (아닐 미)
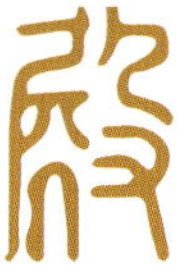				

殿(대궐 전)은 '从殳, 展聲'의 형성자로 뜻은 '등 뒤에서 나는 북소리'였어요. 행군 때의 '말미', '공공의 활동장소'로 쓰였고, 다시 '임금이 사는 '높은 전당'으로 인신되었어요. '殿閣(전각)', '殿下(전하)', '大雄殿(대웅전)' 등에 쓰여요.

寶(보배 보)는 집안(宀)에 구슬(玉)과 조개(貝)가 있는 회의자로 원뜻은 '보배'였어요. 보배를 '보'라고 하여

점차 보석함인 缶를 음으로 넣은 형성자로 바꾸었어요. '寶物(보물)', '寶石(보석)', '寶座(보좌)', '國寶(국보)', 등에 쓰여요.

勇 (용맹할 용)은 용감함을 뜻하고 '용'이라 하였어요. 처음에는 무거운 청동 鐘과 '힘 力'을 합하여 힘껏 종을 칠 수 있는 사람으로 용맹을 나타냈어요. 점차 从力, '勇聲'의 형성자가 되었어요. '勇敢(용감)', '勇士(용사)'에 쓰여요.

氣 (기운 기)는 米에 气(기)를 음으로 합한 형성자로 뜻은 '객이나 어른들에게 드리기 위한 糧食'이어요. 양식이어서 米를 쓰고 气는 유동적이어 널리 퍼질 수 있고, 音이 같아 氣의 음으로 삼았어요. 점차 '天氣(천기)', '氣運(기운)', '氣色(기색)', '節氣(절기)' 등으로 인신되었어요.

未 (아닐 미)는 채소에 잎이 무성한 모양으로 '맛있다'는 '未'였어요. '아니다'는 말도 '미'라고 하여 未를 빌려가 '아닐 未'가 되었지요. '맛'은 味를 만들었어요. 여덟째 지지로 빌려 썼고, '未來(미래)', '己未(기미)'에 쓰여요.

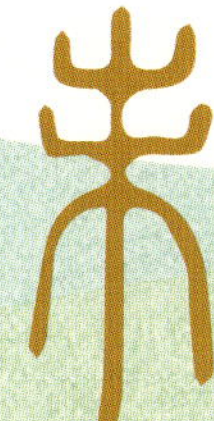

한자에 대한 재미있는 이야기

10 한자를 배우는 좋은 방법이 있을까요?

한자를 배우는데 열심히 공부하는 것보다 더 좋은 방법은 없지만, 보다 쉽게 배우려면 한자가 만들어진 과정과 한자가 늘어난 원리를 알면 크게 도움이 되어요. 처음 한자인 '갑골문'도 '상형', '지사', '회의', '형성', '인신', '가차' 등 여섯 가지 방법으로 만들어졌으니 이들을 한 번 살펴보기로 해요.

1) 상형은 日, 木처럼 해와, 나무 모양을 그대로 그린 방법이지요.

2) 지사는 一, 二, 三처럼 형체가 없는 생각을 그린 방법이지요.

• 상형자와 지사자는 모두 한 글자로 되어 둘로 나눌 수가 없어요. 이런 자를 '독체자'라고 해요.

3) 회의는 好, 信처럼 두 자를 합해 새로운 자를 만든 '방법이지요.

好(좋다)는 어머니가 아이를 안으니 좋아 女와 子를 합했어요.

信(믿음)은 사람의 말에서 생기니 人과 言을 합했어요.

4) 형성은 江, 河처럼 뜻과 음을 가진 두 자를 합한 '방법'이지요.

江은 '강'이라고 하여 水에 강과 자음이 같은 工을 합했어요.

河川은 '하'라 하여 水에 모음이 같은 可를 음으로 합했어요.

* 회의와 형성은 각기 두 자를 합했지만, 회의는 두자의 의미를 조금씩 모았고, 형성은 뜻과 음인 자를 합했어요. 이같은 자들을 '합체자'라고 해요.

5) 인신은 새로운 말이 생기면 의미가 연관된 자를 끌어 쓰는 방법이지요.

大 : 大는 '사람'인데 커서 '크다'가 끌어와 '클 大'가 되었고요.

高 : 高는 '높은집'인데 건물이 아주 높아서 '높다'가 끌어다 썼어요.

6) 가차는 새로운 말에 음이 비슷한 자를 빌려 쓰는 방법이지요.

無 : 無는 채를 잡고 춤추는 모양인 '춤출 무'인데, '없다'도 무여서 춤인 '無'를 빌려가 '없을 無'가 되었어요.

* 인신과 가차는 새로운 말에 새로 글자를 만들지 않고, 있는 자 중 '뜻'이나 '음'이 연관된 자를 빌려 쓰는 방법이지요.

최초의 한자인 갑골문은 1천여 자 정도였는데 한나라 때는 1만자로 늘어났어요. 허신이 『설문해자』를 쓰면서 최초로 514자를 '부수'로 삼고 1만 여자를 모두 부수 속에 넣었어요. 지금은 부수가 214자로 줄었어요

'부수'는 같은 종류의 글자를 이끄는 '소대장'이지요. 각각의 부수 속에 어떤 글자들을 넣었을까요.

• 人 부수 속에 休, 仙, 처럼 '사람과 관련된 자'를 넣었어요.

休 : '쉬다'는 사람이 주로 나무그늘에서 쉬어 人과 木을 합했어요.

仙 : '신선'은 사람모습이고 산속에서 사는데 '선'이라하여 人과 모음이 같은 山을 음으로 합했어요.

• 木 부수 속에 林, 松처럼 '나무와 관련된 자'를 모두 넣었어요.

林 : 나무가 많으면 숲을 이루어 나무(木) 두 그루를 합했어요.

松 : 소나무를 '송'이라 하여 木에 모음이 같은 公을 합했어요.

• 水 부수 속에 江, 河처럼 '물과 관계된 자'를 넣었어요.

江 : 강물을 '강'이라 하여 水에 모음이 같은 工을 합했어요.

河 : 하천을 '하'라 하여 水에 모음이 같은 可를 합했어요.

• 글자를 보고 부수를 찾아보아요

休, 仙은 사람과 관계된 글자여서 人 부수에 넣었고.

林, 松은 나무와 관계된 글자여서 木 부수에 넣었으며,

江, 河는 물과 관계된 글자여서 水 부수에 넣었어요.

이렇듯 부수를 알면 그 속에 있는 한자의 의미를 쉽게 알 수 있어요. 부수를 먼저 익히는 것은 한자를 배우는 가장 좋은 방법이지요.

한자漢字와 읽는 성경 이야기

한자(漢字)와 읽는 성경 이야기

지은이 | 양동숙

펴낸이 | 최병식

펴낸날 | 2020년 12월 24일

펴낸곳 | 주류성출판사

주소 | 서울특별시 서초구 강남대로 435(서초동 1305-5) 주류성빌딩 15층

전화 | 02-3481-1024(대표전화)   팩스 | 02-3482-0656

홈페이지 | www.juluesung.co.kr

값 18,000원

잘못된 책은 교환해 드립니다.

ISBN 978-89-6246-432-0 73230